Maria Metzger

Echte Kerle

Mit Geschichten erinnern und aktivieren

Bibliografische Information der Deutschen Nationalbibliothek

Die Deutsche Bibliothek verzeichnet diese Publikation in der Deutschen Nationalbibliografie; detaillierte bibliografische Daten sind im Internet über http://dnb.d-nb.de abrufbar.

Sämtliche Angaben und Darstellungen in diesem Buch entsprechen dem aktuellen Stand des Wissens und sind bestmöglich aufbereitet.
Der Verlag und der Autor können jedoch trotzdem keine Haftung für Schäden übernehmen, die im Zusammenhang mit Inhalten dieses Buches entstehen.

Besuchen Sie uns im Internet: www.www.altenpflege-online.net

Druck: Gutenberg Beuys Feindruckerei GmbH, Langenhagen

Foto Titelseite: Ljupco Smokovski - AdobeStock, Nadezda Grapes - AdobeStock (Composing)
Illustrationen. Nadezda Grapes, Adobe Stock
ISBN 978-3-7486-0351-1

Maria Metzger

Echte Kerle

Mit Geschichten erinnern und aktivieren

VINCENTZ
Wir entwickeln Fachwissen

Inhalt

Liebe Leserinnen und Leser,

„Echte Kerle", wie der Name schon sagt, ist ein Aktivierungsbuch, welches in Männerrunden sehr gerne eingesetzt wird. Die Kurzgeschichten haben die Männer so oder in ähnlicher Form in ihrem Leben vielleicht schon einmal erlebt.

Die biografischen Themengeschichten führen die Zuhörer zurück in die Welt der 50er- und 60er-Jahre. Wirtschaftswunderzeit, Hausbau, das erste Auto, Berufsausbildung und Hobbys oder erste Urlaubsreisen sind prägende Ereignisse. In dieser Zeit hat sich im Leben der Männer sehr viel entwickelt und die Weichen für das spätere Leben der Familie wurden hier gestellt.

Die Themen spielen ganz bewusst in diesem Zeitraum, denn immer häufiger sind in den Aktivierungsrunden auch Männer, die deutlich jünger sind. Gerade diese haben in ihrer Jugend zum Beispiel den Einzug des ersten Fernsehgerätes im Haus erlebt, bei dem es nur zwei Programme gab, oder sie können sich ziemlich genau an den „ohrenbetäubenden Pfeifton des Testbildes" nach Programmende erinnern.

Die Geschichten wecken durch ihren Inhalt „alte Erinnerungen", die zu unglaublich interessanten Gesprächen führen.

Diese Geschichten können in der Einzelaktivierung oder auch bei der Aktivierung „Lebensraum Bett" jederzeit eingesetzt werden.

Bei der Gruppenaktivierung in „reinen Männerrunden" sind diese Geschichten wertvolle „Türöffner", um die Kommunikation untereinander lebhaft zu gestalten.

Einzelne Geschichten wurden bereits in Betreuungseinrichtungen sehr erfolgreich eingesetzt, vor allem bei „Männernachmittagen" oder zu Beginn von „Stammtischrunden". Die biografischen Fragen, die zur Einführung in die einzelnen Geschichten dienen, öffnen bei den Teilnehmern auf besondere Art die „Schatzkiste der Erinnerungen" und die Spannung auf die Geschichte steigt enorm.

Ich wünsche Ihnen mit diesen „Männergeschichten" viel Erfolg und genauso viel Freude, wie ich in den Gruppen erlebe, die seit einigen Monaten mit diesen Geschichten arbeiten.

Anmerkung

Selbstverständlich können Sie diese Geschichten auch in gemischten Gruppen einsetzen, denn auch Frauen sprechen über diese Themen sehr gerne.

Geselligkeit und ein gemütliches Miteinander sind wichtige Voraussetzungen für eine gelungene Aktivierung. Denn wie sagte bereits Sigismund Radecki:

„Ein Haus ohne Geselligkeit ist wie eine Blume ohne Duft."

Ab in den Urlaub

EINFÜHRENDE FRAGEN

- **Wohin führte Sie Ihr erster Zelturlaub?**
- **An welches „Zelterlebnis" erinnern Sie sich ganz besonders?**
- **Welche Wetterereignisse haben Sie dabei erlebt?**

Schon einige Jahre hatten wir auf ein eigenes Zelt und eine komplette Campingausrüstung gespart und jetzt war es endlich soweit.

Wochen vor unserem Urlaubsbeginn waren wir bereits mit den Vorbereitungen beschäftigt.

An einem Samstag durften wir Kinder zusammen mit Vater das große Hauszelt für fünf Personen im Garten aufbauen. „Hoffentlich regnet es nicht", sagte Vater, „denn ein nasses Zelt können wir nicht mitnehmen, das wäre für unser Auto viel zu schwer". Wir hatten Glück, denn das ganze Wochenende über war es heiß und die Sonne strahlte vom Himmel.

Vater hatte einen genauen Plan und jeder von uns bekam eine spezielle Aufgabe. So ein Zelt aufzubauen ist gar nicht so einfach – wie gut, dass unsere Nachbarn, die erfahrene Camper waren, uns dabei geholfen haben.

Mutter war noch viel aufgeregter als Vater. „Hoffentlich kann ich auf dem kleinen Gaskocher auch leckere Speisen zubereiten," jammerte Mutter. Sie erstellte schon Wochen zuvor einen genauen Speiseplan und kaufte fleißig ein.

Vor unserer Abfahrt türmten sich bei uns Eintopfdosen, Raviolidosen, Nudeln, Gemüse in Dosen, Essig, Öl, Gewürze und noch Vieles mehr. Zu den Lebensmitteln kamen viele Küchenutensilien, Kochtöpfe, Plastikgeschirr, Besteck, Schlafsäcke, Klappstühle, Klapptische, Luftmatratzen und zahlreiche andere Gegenstände hinzu.

Unser Vater bekam jeden Abend, wenn er von der Arbeit nach Hause kam, einen noch größeren Schreck über die vielen Dinge, die er in unser kleines Auto packen sollte.

Bevor Vater alle Dinge ins Auto packte, musste er den Benzintank und den Ersatzkanister volltanken sowie den Ölstand und den Luftdruck der Reifen prüfen – das war sehr wichtig und stand auf seiner Prioritätenliste ganz oben!

Am Freitagnachmittag fing er an zu packen. Oh je, der Kofferraum war schon beinahe voll, doch sehr viele Gepäckstücke standen noch in unserem Flur. Also packte er die zahlreichen Teile wieder aus, um alles neu zu ordnen – das ging sicherlich vier Mal so. Jetzt mussten wir Kinder ganz still sein, denn Vaters Nerven lagen blank.

Das Zelt und das Zeltgestänge wurden auf dem Dachträger festgemacht. Alles andere kam in den Kofferraum. Auf unseren Kopfkissen mussten wir sitzen und so manch andere Gegenstände wurden auch im Inneren des Autos verstaut. Bei Mutter, die auf dem Beifahrersitz saß, wurden die Badeschuhe noch untergebracht. Das Auto war voll bis unter das Dach.

„So ein Familienurlaub für fünf Personen ist teuer", sagten die Eltern und deshalb kann man es sich nicht leisten, in Italien zum Essen zu gehen – das war die Devise.

Alle mussten an diesem Freitagabend früh zu Bett, denn die Fahrt sollte morgen bereits um 3 Uhr in der Früh beginnen. Geschlafen haben wir vor lauter Aufregung nicht viel!

Als wir dann am Frühstückstisch saßen, gab es schon den ersten Ärger, denn wir Kinder hatten überhaupt keinen Appetit und konnten beim besten Willen nichts essen. Mutter hatte damit schon gerechnet und deshalb in die Kühltasche genügend Proviant für die Fahrt gepackt. Die Kühltasche war bei uns auf der Rückbank untergebracht, was unsere eigene Sitzfläche auf ein Minimum beschränkte.

Endlich ging die Fahrt los. Damals gab es bei Weitem noch nicht so viele Autobahnen wie heute und bereits die Fahrt nach München dauerte einige Stunden. Vor München hatte Vater schon ziemlich großen „Respekt", denn mitten durch so eine große Stadt zu fahren, das waren wir „Kleinstädter" nicht gewöhnt. Aber es klappte eigentlich ganz gut bis zu jener Kreuzung mitten in

München. Wir mussten wieder einmal an einer roten Ampel mitten in München Schwabing anhalten und da fiel Vater ein, die Schrauben am Dachgepäckträger daraufhin zu kontrollieren, ob sich diese auch wirklich nicht gelockert hatten. Auch Mutter öffnete die Autotür, um auszusteigen und die Schrauben auf ihrer Seite zu prüfen. Dabei fielen zwei Paar Badeschuhe, die in ihrem Fußraum verstaut wurden, aus dem Auto. Genau in diesem Moment aber sprang die Ampel auf Grün und sofort brach in unserem Auto die Hektik aus. Hinter uns setzte ein Hupkonzert ein und unser Vater saß mit hochrotem Kopf am Steuer. Mutter musste schnell einsteigen, doch in der Eile war es ihr nicht mehr möglich die Badeschuhe wieder einzusammeln, da Vater bereits auf das Gaspedal drückte. Dort lagen die Badeschuhe nun – mitten in München auf der Straße.

Danach lief die Fahrt reibungslos weiter. Wir fuhren über die bekannte Europabrücke und den „Brenner“ und das war für uns ein ganz besonderes Erlebnis. Zwischendurch wurde an einem schönen Rastplatz angehalten und Mutter packte ihre Schätze aus der Kühltasche aus. Heute durften wir sogar Schokolade essen und Limonade trinken.

Im Auto wurde es beinahe unerträglich heiß, denn eine Klimaanlage gab es leider nicht. Vater sagte: „Jammert nicht, in Italien ist es eben heiß und ihr wolltet ja an den Gardasee“.

Zum Glück kamen wir bald an unserem reservierten Campingplatz an. Die Besitzer nahmen uns freundlich in Empfang und zeigten uns unseren Stellplatz, an dem wir für die nächsten zwei Wochen unser Zelt aufstellen durften. Wie schön, wir hatten freie Sicht auf den See und das Ufer war mit Sand aufgeschüttet, sodass wir das Gefühl hatten, am Meer zu sein.

Aus unseren Nachbarzelten kamen nach und nach die freundlichen „Camper“ zu uns und sie bemerkten sehr schnell, dass wir „Campinganfänger“ waren. Das war kein Problem, denn sie halfen uns beim Zeltaufbau und beim Auspacken der zahlreichen Gepäckstücke aus dem Auto. Auch sonst war die Gemeinschaft auf dem Zeltplatz grandios.

Wir Kinder fanden sofort Freunde in unseren Altersstufen und wir waren den ganzen Tag über mit Spielen, Basteln, Schwimmen und Tauchen beschäftigt. Unsere Mutter kochte leckere Gerichte auf dem kleinen Gaskocher und Vater war hier auch viel entspannter als zu Hause. Das Geschirr wurde nach dem Essen im Waschhaus abgespült und diese Aufgabe übernahmen freiwillig wir Kinder, denn das war viel lustiger als zu Hause.

An zwei Tagen fuhren wir auf den Markt, der in Italien sehr bekannt und beliebt ist. Die Marktschreier waren so lustig, wenn sie miteinander stritten oder plötzlich italienische Lieder wie „O sole mio“ sangen. Besonders imponierte uns, dass es üblich war, wenn man etwas kaufen wollte, nicht sofort den genannten Preis zu akzeptieren, sondern zuerst einmal zu handeln. So etwas gab es bei uns nicht. Auch die Währung war für uns fremd. Man bezahlte mit Lira anstatt mit DM und eine Kugel Eis kostete 1.000 Lira. Für uns hörte sich das an, als wäre das eine riesige Summe!

Dieser schöne Urlaub hatte nur einen Nachteil – er ging viel zu schnell zu Ende. Diesen Urlaub verbrachten wir im Jahre 1963 und selbst nach so einer langen Zeit pflegen wir auch heute noch die Freundschaften, die wir damals auf dem Campingplatz mit einigen der Familien am Gardasee geschlossen haben.

Der erste Schwarz-Weiß Fernseher

EINFÜHRENDE FRAGEN

- Von welcher Marke war Ihr Fernsehgerät?
- In welchem Zimmer stand das Fernsehgerät?
- Wie viele Programme hatte Ihr Fernsehgerät?

Es war Mitte der Sechziger-Jahre als ich eines Tages aus der Schule nach Hause kam und plötzlich war es da. Ein riesiges Paket mitten in unserem Wohnzimmer. Meine Geschwister und ich staunten nicht schlecht, als unsere Eltern im Wohnzimmer begannen, Möbel zu verrücken, um Platz für etwas zu machen, was wir vorher noch nie gesehen hatten – unseren ersten Schwarz-Weiß-Fernseher. Das war etwas ganz Besonderes, denn in unserer Straße waren wir die allerersten, die so ein modernes Gerät gekauft hatten.

Im Wohnzimmer stand er nun, der geheimnisvolle „Apparat". Äußerlich war es nicht sofort erkennbar, dass es ein Fernsehapparat war, denn er war in einem Möbelschrank aus Nussbaum eingebaut.

Es war sehr aufwändig ihn anzuschließen, denn zuerst musste auf unserem Dach eine große Antenne angebracht werden. Der Monteur balancierte auf unserem Dach hin und her, um die beste Position der Antenne zu finden, während mein Vater im Wohnzimmer am Fernsehgerät das „Testbild" aufmerksam beobachtete. Alle Fenster waren weit geöffnet, damit sich Vater und der Monteur über die Bildqualität austauschen konnten. Endlich war es soweit und das Bild blieb weitestgehend stabil und flimmerte nicht ständig. Jetzt war die Antenne in der richtigen Position und der Fernseher konnte angeschlossen werden.

Mit unserem tollen Gerät waren wir jetzt die Attraktion der Straße. An diesem Abend bekamen wir sofort Besuch von einigen Nachbarn, denn alle wollten dieses „gute Stück“ bestaunen. Zur Feier des Tages gab es für die Gäste sogar Wein und Knabbereien. Wir Kinder bekamen Limonade, was nur bei besonderen Anlässen vorkam.

Alle saßen andächtig aber auch sehr gespannt vor dem Fernsehgerät, als Vater den Knopf drückte. Der Bildschirm flimmerte für kurze Zeit und dann passierte es, es erschien tatsächlich der Nachrichtensprecher. Wir konnten es alle kaum glauben – es war sensationell. Jedes Wort war deutlich zu verstehen und das Schwarz-Weiß-Bild des strengen Nachrichtensprechers war auch sehr gut zu erkennen.

Unser Fernseher verfügte bereits über zwei Programmkanäle, denn ab 1963 gab es nicht nur ARD, sondern auch ZDF.

Natürlich hatten wir zu dieser Zeit keine Fernbedienung. Vater drückte den Startknopf direkt am Fernsehgerät und wenn das Programm gewechselt wurde, war ich es, der immer umschalten durfte und darauf war ich besonders stolz.

Unter der Woche begann das Programm um 17.00 Uhr mit den Nachrichten. Danach kam oftmals eine Serie wie die der „Hamburger Hafenpolizei“ mit Gaunergeschichten. Das war eine Serie, die ich zusammen mit meinen Freunden oder Brüdern gerne angeschaut habe. Schurken, Diebe oder Einbrecher im Kampf mit der Polizei – das war nur etwas für „echte Kerle“. Die Serien waren ziemlich kurz und dazwischen wurde immer mal wieder Werbung eingespielt.

Zigarettenwerbung mit dem HB-Männchen, welches den guten Rat gab: „Bevor du in die Luft gehst, greife lieber zu HB“ oder „Drei Dinge braucht der Mann: Feuer – Pfeife – Stanwell“ faszinierten uns Jungs immer ganz besonders. Bald waren wir Kinder sehr vertraut mit den Werbeslogans wie „Nichts geht über Bärenmarke“ (Dosenmilch), „Komm Brüderchen trink Kosakenkaffee“ (Kaffeelikörwerbung) oder „Nicht nur sauber, sondern rein“ mit Clementine von der Ariel Werbung.

Die Werbung drehte sich überwiegend um das Thema Luxus. Zigaretten-, Zigarren- oder Alkoholwerbung sprach besonders die Männer an, aber auch Frauen waren von der Werbung fasziniert. Frauenthemen waren zum Beispiel Putzmittel, Schönheit (AVON), Kaffeemarken oder Haushaltsgeräte, wie Staubsauger, Küchenmaschinen und Kühlschränke.

Um 19.10 Uhr lief für uns Kinder immer das Sandmännchen, das direkt auf einer Wolke angeschwebt kam. Die Sandmännchen Melodie kannten wir Kinder inn- und auswendig, genauso wie den Satz: „Nun, liebe Kinder, gebt fein acht, ich hab´ euch etwas mitgebracht". Wie liebten wir die Kurzfilme, die dann gezeigt wurden, bevor uns das Sandmännchen eine „Gute Nacht" wünschte und wir Kinder zu Bett gehen mussten. Das war bei uns zu Hause zu einem festen Ritual geworden, auf das wir Kinder immer schon gespannt warteten.

Wir Jungs schauten im ZDF gerne die Sendungen „Lassie", „Fury" oder „Flipper" an, während die Mädchen die „Augsburger Puppenkiste" oder „Bezaubernde Jeannie" liebten.

Bei uns im Haus durften wir allerdings nicht so häufig vor der „Flimmerkiste" sitzen, wie Mutter das Fernsehgerät nannte. Nur eine Sendung am Tag war erlaubt, etwas Werbung und das Sandmännchen vor dem Schlafengehen.

Am Samstag war die Sportschau das Highlight der Woche. Da versammelten sich die Männer aus der Nachbarschaft alle bei uns im Wohnzimmer, denn diese Sportsendung war in der Männerwelt sehr beliebt.

Einmal bin ich mitten in der Nacht aufgewacht und habe mich ganz heimlich, still und leise ins Wohnzimmer geschlichen. Wie schön, jetzt hatte ich den Fernseher ganz für mich alleine und konnte diesen unbemerkt anschalten. Ich hatte mich schon gefreut, meinen Freunden morgen in der Schule zu berichten, was diese versäumt hatten. Ich schloss ganz leise die Wohnzimmertür hinter mir, öffnete vorsichtig den Fernsehschrank und drückte auf den Startknopf. Aber oh je, was passierte dann? Ein schrecklicher Pfeifton drang durch das ganze Haus und am Fernsehschirm war nur ein „Flimmern" zu erkennen. Was dann kam, war sehr peinlich. Meine Eltern stürzten erschrocken ins Wohnzimmer und haben mich vor Schreck unter dem Tisch sitzend vorgefunden. Tja, „Strafe folgt auf den Fuß", sagt ein altes Sprichwort. Zu meinem Pech sind meine Schwestern von dieser nächtlichen Aktion auch noch geweckt worden und haben am anderen Tag auf dem Schulhof meinen Freunden von meinem Missgeschick erzählt. Das Fernsehprogramm endete meist gegen 23.00 Uhr, an den Wochenenden manchmal etwas später.

Besonders gerne erinnere ich mich an die Karnevalszeit, denn da wurde die Sendung „Mainz wie es singt und lacht“ am Freitagabend ausgestrahlt. An diesem Abend war immer Besuch bei uns und wir Kinder durften lange aufbleiben – das war super! Zuvor ging es ohne Murren und Zögern sehr schnell in die Badewanne und der Schlafanzug wurde blitzschnell angezogen. Danach gingen wir ins Wohnzimmer, wo bereits die Gäste den aktuellen Nachrichten lauschten.

Auf dem Tisch standen an diesem „legendären Abend“ Schalen, gefüllt mit Erdnussflips, Salzstangen und leckeren Keksen. Außerdem gab es Fanta und Coca Cola zu trinken. Das war für uns Kinder ein absolutes Highlight, denn diese Getränke durften wir sonst nur Weihnachten trinken. Der Zeiger der Uhr bewegte sich ganz langsam auf 20.15 Uhr und endlich war es soweit.

Die Karnevalsendung begann. Der Sitzungspräsident begrüßte die Besucher im Saal und die Zuschauer zu Hause an den Fernsehschirmen im Wohnzimmer. Mir kam es immer so vor, als würde uns der Fernsehmoderator beobachten. Jetzt ging es los! Zuvor der Griff zu den Erdnussflips – welch eine Köstlichkeit. Am besten schmeckten sie, wenn man eine ganze Hand voll auf einmal in den Mund stopfte. Die Garde und die Funkenmariechen wirbelten auf der Bühne hin und her und dazwischen kamen Büttenreden und musikalische Einlagen von der sympathischen Margit Sponheimer oder von Ernst Neger. Aber irgendwie wurde es mit der Zeit auch langweilig und teilweise etwas langatmig. Die Erwachsenen lachten begeistert, doch uns Kindern fiel es oftmals schwer, den eigentlichen Witz in diesen Vorträgen zu erkennen. Der „Till Eulenspiegel“, den Vater so toll fand, war immer so ernst und hat nur Dinge über die Politik berichtet, was wir Kinder sehr langweilig fanden. Nicht einmal der Griff zu den begehrten Knabbereien konnte uns noch wachhalten – je später der Abend wurde, desto mehr hatte uns die Müdigkeit voll im Griff. So ein Pech, denn die Eltern hatten uns versprochen, an diesem Abend so lange aufbleiben zu dürfen, bis die Sendung zu Ende ging. Oh je, irgendwie schaffen wir Kinder das nie. Meist trug Vater einen nach dem anderen ins Bett, weil wir vor Erschöpfung und Müdigkeit vor dem Fernseher eingeschlafen waren.

Das war nicht schlimm, denn wir nahmen uns ganz fest vor, im kommenden Jahr sicherlich bis zum Ende durchzuhalten.

Unser erstes Auto

EINFÜHRENDE FRAGEN

- In welchem Alter haben Sie Ihren Führerschein gemacht?
- Von welcher Automarke war Ihr erstes Auto
- An welchem Tag wurde Ihr Auto meist geputzt?

Endlich war es soweit! Seit vielen Jahren sparten Heinz und Lotte Monat für Monat ihr ganzes Geld, um endlich ein eigenes Auto zu besitzen.

In der Straße hatten nur wenige Familien ein eigenes Auto. Für Heinz und seine junge Familie wäre das jetzt schon eine große Erleichterung, ein eigenes Auto zu besitzen. Einkaufen, den Weg zum Arzt oder vielleicht auch einmal einen Sonntagsausflug mit dem Auto zu unternehmen, das könnte jetzt endlich Wirklichkeit werden.

Heinz war Installateur von Beruf und das war ein guter Beruf, um nach Feierabend noch etwas Geld dazu zu verdienen. Viele seiner Freunde bauten in den letzten Jahren ihre eigenen Häuser und dabei hat Heinz immer fleißig mitgeholfen. Jeden Abend und jeden Samstag war er auf den Baustellen. Er hatte hart gearbeitet, um sich und seiner Familie den Traum vom eigenen Auto zu erfüllen. Sein Chef und Meister wussten davon. Er schätzte Heinz als wertvollen, treuen Mitarbeiter und solange er seine Aufgaben auf den Baustellen gut erledigte, konnte er in der Freizeit machen, was er wollte.

Zugegeben, das Leben war hart so ohne Freizeit, aber Heinz und seine Frau Lotte hatten ja auch Ziele. Sie wollten in jungen Jahren durch fleißiges Arbeiten den Grundstein für ein später besseres Leben legen.

Zuerst musste Heinz den Führerschein erwerben. Das war gar nicht so leicht. Nach Feierabend die Unterrichtsstunden zu besuchen und anschließend noch die Theorie zu lernen, fiel ihm besonders schwer. Deshalb hatte er vor der Theorieprüfung auch großen Respekt. Aber alles klappte hervorragend und er bestand die Prüfung schon beim ersten Versuch. Sein bester Freund Dieter war leider durchgefallen, denn der litt sehr unter Prüfungsangst.

Um den Führerschein so günstig wie möglich zu erlangen und um nur wenige Fahrstunden bezahlen zu müssen, durfte Heinz ab und zu mit Onkel Paul auf kleineren Landstraßen oder Feldwegen das Autofahren üben. Das lief schon ganz gut.

Der Tag der Prüfung kam und alles klappte – sogar das Rückwärts-Einparken, vor dem er großen Respekt hatte. Diese Hürde wäre also genommen.

Jetzt wurde kräftig weitergespart, um dem Traum vom eigenen Auto näherzukommen. Ein neues Auto sollte es sein, damit nicht sofort die Ausgaben für teure Reparaturen aufkommen. Außerdem kannte er den Autohändler persönlich und der hatte ihm auch einen kräftigen Rabatt versprochen.

Endlich war es soweit. Heinz besorgte sich Prospekte von seinem Traumauto. Es sollte ein Opel Kadett werden. Jede freie Minute blätterten er und seine Lotte darin – die Seiten waren schon ganz abgegriffen. Dabei waren sie sich einig, es sollte ein weißer Opel Kadett Limousine Baujahr 1962 werden, mit zwei Türen, fünf Sitzplätzen und 40 PS. Laut Prospekt war die Spitzengeschwindigkeit 120 Kilometer in der Stunde, was für eine Vorstellung! Da konnte einem ja fast schwindelig werden. Nur noch ein wenig sparen und dann wäre der ganze Kaufpreis beisammen.

Also Lotte und Heinz an einem Freitagabend ihren Autohändler aufsuchten, trauten sie ihren Augen kaum. Genau ihr Traumauto stand vor ihnen im Autohaus – sie müssten es nicht einmal bestellen. Jetzt war der Traum also zum Greifen nah. Auf dem Preisschild, welches vorne rechts hinter der Scheibe lag, stand der Kaufpreis: 5445 DM. Ein ziemlich hoher Betrag, doch genau den hatten Heinz und Lotte seit Langem gespart. Der Autohändler begrüßte sie freudig und gemeinsam gingen sie zu dem glänzend, weißen Opel Kadett. Große

Panoramascheiben für einen guten Rundumblick und Fenster, die man vorne und hinten kinderleicht herunterkurbeln konnte. Die Sitze waren in einem unempfindlichen Grau gemustert und sogar ein Autoradio war eingebaut. Was für ein Luxus!

Heinz setzte sich hinter das Lenkrad, verstellte die Sitze und fühlte sich schon als Besitzer von diesem Wagen. Die Motorhaube wurde geöffnet und über technische Einzelheiten diskutiert. Lotte interessierte das allerdings weniger, sie stand einfach nur strahlend neben dem Auto. Am Schluss der Vorführung wurde dann der Kofferraum geöffnet – unfassbar viel Platz hatte man darin.

Ein besseres Auto war sicherlich nicht zu bekommen, darüber waren sie sich beide einig. Noch am selben Abend wurde der Kaufvertrag unterschrieben und Heinz und Lotte waren jetzt stolze Besitzer eines weißen Opel Kadetts.

Sie konnten es beinahe nicht erwarten, bis es Montagnachmittag wurde und sie ihr Auto in Empfang nehmen konnten. Sofort nach Feierabend gingen die beiden zum Autohaus. Den Kaufpreis hatten sie in einem weißen Kuvert in bar dabei – das war zu dieser Zeit so üblich.

Zuerst durften Sie mit dem Autohändler zusammen eine Probefahrt machen, denn das Auto war nun auf ihren Namen zugelassen. Danach ging es an die Bezahlung. Sie bekamen für ihr neues Auto sogar noch die Fußmatten geschenkt und einen Rabatt, sodass sie 5.350 DM statt 5.445 DM bezahlen mussten. Was für eine Freude!

Vorsichtig und ganz stolz fuhren Heinz und Lotte mit ihrem ersten eigenen Auto nach Hause. Dort warteten schon Freunde und Nachbarn, um das schöne Auto zu bestaunen. Heinz und Lotte konnten es fast nicht glauben, dass sie nun stolze Autobesitzer waren. Wie gut, dass sie auch schon eine Garage am Haus hatten, damit das Auto sicher abgestellt werden konnte.

Jeden Samstagabend, immer sofort, wenn Heinz von der Baustelle nach Hause kam, wurde sein Auto gewaschen und gepflegt. 15 Jahre lang war dieser Opel Kadett das treue Gefährt der jungen Familie. Viele Ausflüge und Urlaube in die Berge oder nach Italien ans Meer wurden damit unternommen. Nie ließ das Auto sie im Stich – es fuhr die Familie immer sicher und gut zu jedem Ziel und wieder nach Hause.

Heinz und Lotte sind heute noch stolz auf ihr allererstes Auto, auf das sie lange gespart hatten, um es dann bar bezahlen zu können.

Bei der Weinlese

EINFÜHRENDE FRAGEN

- Welches Weinzitat kennen Sie?
- Welche Weingebiete haben Sie schon besucht?
- Welche Weinsorten trinken Sie gerne?

Jedes Jahr im September durfte ich für vier Tage bei der Weinlese als Helfer dabei sein. Diese Tage waren in meiner Jahresplanung immer ganz fest eingeplant und darauf freute ich mich schon weit im Voraus.

Bereits mein Vater hatte bei der Weinlese mitgeholfen. Diese Tradition ist auf mich übergegangen. Mit der Winzerfamilie aus dem baden-württembergischen Remstal ist unsere Familie schon lange freundschaftlich verbunden. So eine Weinlese ist eine harte Arbeit und hat nichts mit gemütlichen Urlaubstagen zu tun.

Die Weinberge in Württemberg sind häufig Steillagen und müssen deshalb von Hand abgeerntet werden. Wie in den vergangenen Jahren reiste ich bereits am Sonntagabend in Strümpfelbach, einem Ort in der Nähe von Stuttgart, an. Auf der Fahrt dorthin war ich von Weinbergen, soweit das Auge reicht, umgeben. Überall in den Weinbergen waren kleine Traktoren und fleißige Erntehelfer unterwegs und auch im kleinen Weindorf, in dem beinahe in jedem Haus eine Winzerfamilie wohnte, herrschte ein lebhaftes Treiben.

Mit großer Freude wurde ich von meiner Winzerfamilie empfangen und nachdem ich mein Zimmer bezogen hatte, wurde ich sofort zur Mithilfe bei den angelieferten Trauben eingeteilt.

An diesem Abend gingen alle Helfer früh zu Bett, denn der kommende Erntetag oder auch „Lesetag“ genannt würde sicherlich sehr anstrengend werden.

Morgens um 5.00 Uhr, es war noch dunkel, klingelte der Wecker und schon nach einer halben Stunde versammelten sich alle Erntehelfer in robuster Arbeitskleidung am großen Frühstückstisch in der Wirtschaftsküche. 20 Personen saßen nun am Tisch, um sich vor der anstrengenden Arbeit zu stärken. Der handgefilterte Kaffee duftete wunderbar und das herzhafte Frühstück mundete uns allen.

Danach ging es endlich los. Wir wurden in Gruppen zu je fünf Personen eingeteilt. Vier Personen bekamen jeweils einen Eimer, eine Gartenschere, ein Paar Arbeitshandschuhe und Gummistiefel. Der Kräftigste der Gruppe wurde als Büttenträger eingeteilt. Eine Bütte ist ein großes Gefäß, welches auf dem Rücken getragen wird. Die Erntehelfer können ihre mit Trauben gefüllten Eimer dort hineinkippen.

Danach nahmen alle im Anhänger des Traktors Platz und los ging die Fahrt zu den Weinbergen. Nach einer kurzen Einweisung darüber, was bei der Lese zu beachten ist, begann die Arbeit. Jeder bekam eine Reihe Reben zugeteilt, die es dann abzuernten galt. Während der Arbeit wurde meist nicht geredet, denn die Arbeit war anstrengend und man musste aufpassen, dass auch alle Trauben von den Reben abgeschnitten wurden.

Der Büttenträger ging von Erntehelfer zu Erntehelfer, damit diese den Inhalt ihrer Eimer in die Bütte kippen konnten. Wenn eine Bütte voll war, trug er diese schnell zum Traktor zurück und kippte die Trauben kopfüber in den dort abgestellten Anhänger. Das war eine schwere Arbeit, denn um die Trauben besser abkippen zu können, musste er zuvor auf eine kleine Leiter steigen. Es konnte schon einmal vorkommen, dass ein Büttenträger beim Auskippen der Trauben kopfüber in den Anhänger fiel – dann musste er sich viel Gelächter und Spott von den Erntehelfern gefallen lassen.

Bei so einer Arbeit verging die Zeit wie im Flug und pünktlich um 12.00 Uhr wurde das dampfende, warme, köstliche Mittagessen zum Weinberg gebracht. Diese Auszeit tat den geschundenen Händen und Rücken sehr gut. Alle setzen sich an aufgestellten Biertischgarnituren und nahmen hungrig das deftige Mittagessen ein.

Diese Pause dauerte allerdings nicht allzu lange, denn die Lesezeit war sehr wetterabhängig und deshalb musste man zügig arbeiten.

Zwei Stunden später gab es meistens noch einmal eine kurze Kaffeepause, in der oft leckerer hausgemachter Blechkuchen serviert wurde. Das war für alle eine willkommene Stärkung!

So gegen 18.00 Uhr war meist Feierabend und die Erntehelfer wurden mit dem Traktor zum Winzerhof zurückgefahren. Dort wurde dann alles für den kommenden Tag vorbereitet. Im Anschluss gab es ein gutes, stärkendes Abendessen.

Meist gingen alle an diesen anstrengenden, aber sehr schönen Lesetagen früh zu Bett, um am anderen Morgen wieder gestärkt und ausgeschlafen ans Werk gehen zu können. Je nach Größe des Weingutes betrug die Lesezeit zwischen drei und zehn Tagen.

Zum Abschluss der Lesetage gab es dann ein großes Dankesfest, bei dem alle Erntehelfer zünftig bis in die Morgenstunden feierten und sich bereits für das kommende Jahr wieder verabredeten.

Diese Tage auf dem Winzerhof waren zwar sehr anstrengend aber dennoch ein unvergleichlich schönes Erlebnis.

Der Hausbau

EINFÜHRENDE FRAGEN

- **In welchem Jahr wurde Ihr Haus erbaut?**
- **Welche Gewerke konnten Sie selbst ausführen?**
- **An welches „Bauerlebnis“ erinnern Sie sich besonders?**

Was für ein Glück! Obwohl es bei uns in der Gemeinde (Stadt) viel zu wenig Bauplätze für die Bewerber gab, bekamen wir überraschend einen Bauplatz zugeteilt.

Schon lange hatten wir gespart, um für unsere junge Familie ein kleines Häuschen mit Garten zu bauen. Jetzt kam der Bescheid vom Rathaus und schnell vereinbarten wir einen Termin, um den Kaufvertrag zu unterzeichnen. Was waren wir aufgeregt. Endlich kamen wir unserem Traum vom eigenen Haus näher und waren jetzt rechtmäßige Grundstücksbesitzer vom Flurstück 1959 mit der Größe von 510 Quadratmetern in einem sehr begehrten und zentral gelegenen Wohngebiet.

Mein Freund Patriz war Architekt und mit ihm gemeinsam verwirklichten wir unsere Träume. Nicht zu groß und nicht zu teuer durfte unser Haus werden. Patriz zeichnete uns drei Vorschläge und schon bald einigten wir uns auf einen davon. Rasch wurde der Baugesuch bei der Gemeinde eingereicht und die Bearbeitung ging zügig voran. Innerhalb von nur drei Monaten konnte unser Hausbau beginnen. Gebaut wurde immer am Abend nach der Arbeit und am Samstag den ganzen Tag. Selbstverständlich hatte ich als Bauherr in den kommenden zwei Jahren keinen Urlaub zum Verreisen, denn diese Tage verbrachte ich auf der Baustelle.

Wie gut, dass unsere Verwandtschaft und unser Freundeskreis so groß war und dabei nahezu alle handwerklichen Gebiete vertreten waren. Von allen wurden wir tatkräftig unterstützt.

Zuerst kam Patriz, um ein „Schnurgerüst“ zu stecken. Das zeigte die Ausmaße von unserem zu grabendem Fundament an. Jetzt konnte es losgehen. Allerdings war das nicht wie heute, dass ein großer Bagger anrückt und in kürzester Zeit die Fundamente ausgegraben wurde, nein, das war harte „Beinarbeit“. Mit dem Spaten wurde das Fundament ausgegraben. Dabei war es wichtig, dass das Wetter passte, denn bei schlechtem Wetter war diese Arbeit extrem schwer. Die oberste Humusschicht wurde separat an den Rand des Grundstücks gekippt, denn diese wertvolle Erde sollte später bei der Gartenanlage wieder verwendet werden. Die restliche Erde wurde als großer Berg ebenfalls an dem Rand gelagert oder teilweise mit dem Anhänger auf die Erddeponie gefahren. Ständig kam Patriz auf die Baustelle, um mit einem Geometer die Höhenkontrollen durchzuführen.

Als Nächstes wurde die Bodenplatte betoniert. Hierzu kam ein großer Betonlaster, der fertigen Beton für die Bodenplatte brachte. Zuvor wurden zahlreiche Stahlmatten in das Fundament zur Stabilität eingelegt. Nachdem die Bodenplatte betoniert war, konnte endlich gemauert werden. An manchen Wochenenden arbeiteten bis zu vier Maurer gleichzeitig an unserem Bau. Heizung, Sanitär, Elektrik, Gipser- und Malerarbeiten, Fliesenlegen, Fenster- und Dachaufbau, das wurde alles in Eigenregie durchgeführt.

Die Zeit des Hausbaus war schon eine sehr kräftezehrende Zeit. Da war es sehr wichtig, die vielen Helfer mit stärkendem Essen bei Kräften zu halten. Meine Frau Emma sorgte für unser leibliches Wohl. Um auch immer eine stärkende Mahlzeit zu kochen, hatten wir jeweils im Herbst ein Schwein auf dem Bauernhof eines Cousins schlachten lassen, um genügend Fleisch und leckere Dosenwurst für unsere fleißigen Handwerker auftischen zu können.

Emma brachte um 10.00 Uhr am Morgen die erste Mahlzeit, die aus kräftigem Bauernbrot, Wurst, Senf und Essiggurken bestand. Um 12.30 Uhr gab es dann das stärkende, deftige Mittagessen und anschließend selbstgebackenen Kuchen und Kaffee. So gegen 18.00 Uhr brachte sie uns das Abendessen, welches wieder sehr deftig ausgefallen war.

Selbstverständlich flossen damals noch größere Mengen an Bier oder Most auf den Baustellen. Kistenweise Mineralwasser standen ebenfalls immer bereit. Die Versorgung der Handwerker war eine wichtige und ebenfalls nicht zu unterschätzende Aufgabe der Frauen.

Weil wir die handwerklichen Tätigkeiten meist selbst ausführten, lag die Bauzeit bei mehr als zwei Jahren.

Ein besonderes Ereignis war das Richtfest. Hier wurde ein Birkenbäumchen, welches mit bunten Bändern verziert wurde, vom Zimmermann auf dem obersten Dachbalken platziert, dabei sprach er einen „Richtspruch" und warf ein Glas auf den Boden. Anschließend wurde ausgiebig und zünftig gefeiert.

Wenn das Richtfest im Herbst gefeiert wurde, war es wichtig, das Dach schnell vor dem herannahenden Winter einzudecken und die Fenster einzusetzen.

Im Winter konnte dann der Innenausbau mit Estrich legen, Gipserarbeiten, Elektrik, Sanitär und Fliesenleger begonnen werden. Wenn dann die Türen gesetzt, der Boden verlegt und die Tapeten an die Wand geklebt wurden, war das Ende in Sicht.

Unser Haus hatte einige Besonderheiten, die uns mit Stolz erfüllten. Eine Einbauküche mit Nirosta Spüle, einen elektrischen Herd und Kühlschrank, einen Kachelofen und ein Wohnzimmer mit Parkettboden, während in den anderen Zimmern Linoleum verlegt worden war. Wir besaßen ein hellblaues Badezimmer mit einem großen Wasserboiler, um fließend Warm- und Kaltwasser zu haben sowie eine moderne Zentralheizung.

Eingezogen sind wir, als der obere Stock, der später vermietet wurde, noch nicht fertig ausgebaut war. Der Gipser verputzte das Haus außen erst im folgenden Sommer. Auch unsere Garage wurde erst nach zwei Jahren fertiggestellt und bis wir unseren Garten anlegen konnten, dauerte es auch noch einige Zeit. Aber wir waren glücklich, endlich in unseren eigenen vier Wänden zu wohnen.

Da wir das Glück hatten, so viele Freunde und Verwandte als Helfer auf unserem Bau zu haben, hatte ich auch die Verpflichtung, in den kommenden Jahren nach Feierabend und an den Wochenenden auf deren Hausbaustellen zu helfen. Wenn ich an diese Zeit zurückdenke, so waren es wahrscheinlich beinahe acht Jahre, in denen ich ständig auf Baustellen mitgeholfen hatte. Auch wenn diese Zeit eine sehr harte und anstrengende Zeit war, so wuchsen unsere Freundschaften immer stärker zusammen und auch heute noch erinnern wir uns gemeinsam gerne an diese arbeitsintensive Zeit zurück.

Lehrjahre sind keine Herrenjahre

EINFÜHRENDE FRAGEN

- Was war Ihr Traumberuf?
- Wie weit war Ihr Weg zur Arbeit?
- Wo haben Sie Ihr Mittagessen eingenommen?

Was für ein Gefühl! Bald musste ich nicht mehr zur Schule gehen, sondern konnte endlich einen Beruf erlernen. Nach acht Jahren Schulzeit ging es endlich los!

Doch die Aussichten waren nicht ganz so rosig. Es ging nicht darum, welcher Beruf mir Spaß machen würde, sondern darum, überhaupt eine Lehrstelle zu finden. Da spielte das eigene Interesse oftmals eine untergeordnete Rolle.

Jeden Tag studierten meine Eltern die Stellenanzeigen und bald überbrachte mir Vater die Nachricht, dass ich morgen Nachmittag ein Vorstellungsgespräch für die Ausbildung zum „Industriekaufmann“ bei einer namhaften Firma in der Stadt hätte.

Was war denn aus meinem Traum vom Verkehrspolizisten geworden? Das wollte ich schon immer werden, doch daraus wurde leider nichts. Um Polizist zu werden, musste ich in eine 50 Kilometer entfernte Stadt ziehen, um dort im Wohnheim der Polizei zu wohnen. Das bedeutete: Fahrtkosten, Mietkosten und Kosten für die Verpflegung. Diese Kosten konnten wir uns nicht leisten, denn meine Eltern hatten ein Haus gebaut und außerdem hatte ich noch drei jüngere Brüder, die irgendwann auch eine Berufsausbildung machen durften. Mein Vater arbeitete in unserer Stadt als Arbeiter in der Fabrik und meine Mutter war für den Haushalt und uns Kinder zuständig. Da musste an allen Ecken und Enden gespart werden.

Am Nachmittag des Vorstellungsgesprächs kontrollierte meine Mutter meine gewaschenen Hände und sauberen Fingernägel. Auch meine Locken wurden mit einer Portion Pomade aus Vaters Tube gebändigt. Außerdem zog ich ein frisch gewaschenes Hemd und eine gewaschene und frisch gebügelte Hose an. Mein Vater begleitete mich zu diesem Gespräch.

Ich fühlte mich nicht besonders gut, denn diese Ausbildung hatte so überhaupt nichts mit der Vorstellung von meinem Traumberuf zu tun.

Als wir das Bürogebäude betraten, wurde mir ganz flau im Magen. „Hoffentlich bekomme ich diese Stelle nicht", das war mein sehnlichster Wunsch. Wir klopften an der Tür des Personalbüros und eine schon etwas ältere Sekretärin öffnete uns. Sie forderte uns freundlich auf, auf den unbequemen Holzstühlen im Gang noch etwas zu warten. Der graue Linoleumboden war auf Hochglanz poliert und überall standen Aktenschränke.

Bald kam die Sekretärin wieder, um uns zum Personalleiter zu begleiten. Das Gespräch mit ihm war gar nicht so unangenehm, wie ich es mir vorgestellt hatte, und es verlief ganz gut. Am Ende unterzeichnete mein Vater sofort stolz meinen „Lehrvertrag", denn ich war noch nicht volljährig. Das war also der Start in mein Berufsleben. Aus war der Traum vom Polizisten in der schicken Uniform, der Verbrecher jagt oder mitten auf der Verkehrsinsel steht, um den Verkehr mit ernster Miene zu regeln.

Zwei Tage nach meiner Schulentlassung startete meine Lehre. Damals hieß es nicht Auszubildender, sondern man wurde Lehrling oder auch „Stift" genannt.

Mein Arbeitstag begann schon am Morgen um 7.00 Uhr. Unpünktlichkeit gab es nicht! Ein Lehrling aus dem 2. Lehrjahr, welcher sich schon sehr erwachsen benahm, führte mich in meine Aufgaben ein.

Der Schreibtisch musste stets sauber und übersichtlich sein. Am Freitagnachmittag hatte ich immer alle Schreibtische mit Möbelpolitur zu reinigen. Meine ersten Aufgaben am Morgen waren Tee und Kaffee zu kochen, die

Bleistifte an den Tischen zu spitzen und die elektrischen Schreibmaschinen einzuschalten.

Danach ging es an die Frankiermaschine und das war für mich am Anfang eine sehr schwierige Aufgabe. Die Briefe mussten gewogen werden, bevor sie in der Frankiermaschine gestempelt wurden. Je nach Gewicht wurde dann die Frankiereinheit bestimmt. Die Päckchen waren eine ganz besondere Herausforderung. Die wurden direkt mit Briefmarken versehen. Die Briefmarken mussten zuerst etwas befeuchtet werden. Das tat ich dann so, wie ich es immer bei Mutter gesehen hatte – mit der Zunge. Oh je, das gab Ärger, denn dazu stand extra ein orangefarbenes, befeuchtetes Briefmarkenschwämmchen auf dem Schreibtisch.

Danach machte ich meinen Rundgang durch das Büro, um die Pausenbestellungen aufzunehmen.

Das war an manchen Tagen ein ziemliches Durcheinander. Meine Bestellung sah jeden Tag anders aus. Belegtes Leberkäsebrötchen für 80 Pfennige, 90 Pfennige oder auch 1 Mark. Manche mit Senf, Essiggurke, Senfgurke oder gekochtem Ei. Andere wiederum bestellten Käsebrötchen, Heringsbrötchen oder Gebäckstücke.

Das Schwierigste war, das Geld zuvor einzusammeln und nachher das Wechselgeld auch wieder genau auszubezahlen. Das brachte mich ziemlich zum Schwitzen, denn Kopfrechnen war noch nie meine Stärke gewesen.

Anschließend ging es zur Post. Dazu benutzte ich einen Leiterwagen, auf den alles gepackt wurde. Die Briefe kamen in einen kleinen Karton. Bei Regen war das immer besonders schwierig, denn die Abdeckplane musste gut befestigt werden. Das war alles nicht so einfach!

Nach dem Gang zur Post machte ich mich direkt auf den Weg zum Bäcker und Metzger. Das musste alles sehr zügig geschehen, denn die Vormittagspause dauerte nur 20 Minuten.

Bis ich im Büro jede Bestellung ausgeteilt hatte, klingelte schon wieder die Werkssirene und beendete die Pause, bevor ich selbst überhaupt dazu gekommen bin, eine Pause einzulegen.

Wenn ich am Schreibtisch arbeiten durfte, dann bekam ich „Ärmelschoner“, denn die hatten alle im Büro an. Das war eine praktische Sache, denn die Ärmel des Hemdes wurden nicht schmutzig und somit konnte das Hemd einige Tage hintereinander getragen werden.

Im ersten Jahr war ich meist mit dem Leeren der Papierkörbe, Besorgungen, Transportaufgaben innerhalb und außerhalb der Firma und für das Ablegen der erledigten Aufträge zuständig. Das hört sich jetzt im Nachhinein ziemlich einfach an, aber für mich als „Stift“ war das schon eine ziemlich große Herausforderung.

Ich war es auch, der jeden Abend die Büroräume sauber zu kehren hatte. Zusätzlich musste ich noch die Vorräte an Schreibpapier auffüllen, damit die Arbeit am nächsten Tag sofort wieder beginnen konnte.

Feierabend war meist pünktlich um 18.00 Uhr. Das war eigentlich ziemlich früh, allerdings musste ich am Montag- und am Donnerstagabend noch einen Schreibmaschinenkurs besuchen, um das 10-Fingersystem zu erlernen. Diese Fortbildung bezahlte zwar die Firma, aber im Sommer war das doch ziemlich ärgerlich, denn dieser Kurs dauerte bis 20.00 Uhr.

Allmählich gewöhnte ich mich an meine Aufgaben und sie gingen mir immer besser von der Hand. Ab und zu bekam ich sogar ein Lob oder auch ab und zu ein Bonbon oder ein Stück Schokolade von der Chefsekretärin geschenkt – das machte mich ganz stolz. Tja aber das Beste an meiner ganzen Arbeit war natürlich, dass ich jetzt mein eigenes Geld verdiente.

Im ersten Lehrjahr waren es 50 DM (Deutsche Mark) im Monat, im zweiten 70 DM und im letzten Lehrjahr verdiente ich sogar 90 DM. Das war ziemlich viel. Meinen Eltern musste ich anfangs erst fünf, dann sieben und später neun DM davon abgeben.

Das erste Lehrjahr verging ziemlich schnell und im zweiten und dritten Jahr habe ich immer mehr Aufgaben dazu bekommen und sehr viel gelernt.
Im Nachhinein muss ich doch zugeben, dass diese Ausbildung für mich der richtige Weg war, den ich bis heute nie bereut habe.

Auf der Abendschule absolvierte ich anschließend zahlreiche Fortbildungen und konnte im Betrieb immer weiter aufsteigen. Ich habe es sogar bis zum Prokuristen geschafft und meine Arbeit hat mir bis zu meiner Pensionierung immer sehr viel Freude bereitet.

Bello, der Straßenhund

EINFÜHRENDE FRAGEN

- **Was für einen Hund hatten Sie früher?**
- **Welchen Namen haben Sie Ihrem Hund gegeben?**
- **Welche „Kunststücke" beherrschte Ihr Hund?**

Da stand er ganz traurig und abgemagert mit seinem zottigen Fell angeleint an einer Straßenlaterne am Parkplatz vor dem Supermarkt und winselte jämmerlich.

Einige Leute liefen vorbei und wunderten sich, zu wem der kleine Hund wohl gehörte, andere dagegen schimpften lautstark über das Gewinsel. Ich beobachtete ihn eine Zeit lang, bevor ich mich ihm vorsichtig näherte, zu ihm hinabbückte und ihn dann streichelte. Zugegeben, sein Fell war sehr ungepflegt und vielleicht hatte er auch Läuse oder Flöhe – aber seine braunen Hundeaugen schauten mich so dankbar an. Außerdem hörte er sofort auf zu winseln und wedelte freudig mit seinem Schwanz.

Dieser kleine Hund hatte sicherlich schrecklichen Durst, denn er musste in der prallen Sonne stehen. Schnell rannte ich nach Hause, um einen kleinen Kochtopf aus Mutters Küche zu „organisieren". Auf dem Rückweg ging ich noch kurz bei Metzgermeister Schulze vorbei, um ein Paar knackige Saitenwürste von meinem Taschengeld zu kaufen.

Als ich in die Nähe des kleinen Hundes kam, begann er sofort freudig zu bellen und als er das Würstchen roch, wurde er ganz unruhig, denn er hatte wohl auch ziemlich großen Hunger. Er verschlang diesen Leckerbissen im Nu und konnte es kaum abwarten, bis ich den Kochtopf mit frischem Trinkwasser aus unserem Stadtbrunnen füllte. Mein tierischer Freund steckte seinen Kopf ganz in das Wasser und schlabberte es bis auf den letzten Tropfen aus. So, jetzt ging es ihm wieder besser, denn er sah schon viel munterer aus. Aber was sollte denn nun mit ihm geschehen?

Ich streichelte ihn noch einige Zeit, doch es kam kein Besitzer um die Ecke – armer kleiner Hund. Allmählich wurde es auch für mich Zeit, nach Hause zu gehen, denn dort wartete sicherlich meine Familie mit dem Abendessen auf mich. Schweren Herzens machte ich mich auf den Heimweg, doch ich versprach Bello, so hatte ich ihn mittlerweile genannt, später wieder zu kommen. Bevor ich nach Hause ging, kaufte ich im Supermarkt noch eine Tüte „Frolic", das war das Hundefutter aus der Werbung, bei dem es hieß: „Frolic schmeckt jedem Hund, jeden Tag", – das war sicherlich gut. Das Hundefutter versteckte ich bei uns im Gartenhaus.

Meine Familie wunderte sich schon, dass ich heute so spät nach Hause kam, doch ich erfand eine Ausrede. Als Mutter allerdings nach dem kleinen Kochtopf in der Küche suchte, um Eier abzukochen, wurde mir plötzlich ganz heiß – oh je, den hatte ich bei Bello vergessen.

Nach dem Abspülen der Teller, was immer die Aufgabe von uns Kindern war, konnte ich mich nicht schnell genug aus dem Haus schleichen, um noch einmal nach Bello zu sehen. Sicherlich war er mittlerweile von seinem Besitzer abgeholt worden. Bei diesem Gedanken wurde ich ganz traurig. Doch als ich um die Ecke am Supermarkt bog, hörte ich schon sein freudiges Winseln – er stand immer noch ganz alleine da. Jetzt war ich mir ganz sicher, dass Bello ausgesetzt wurde.

Ich wartete noch einige Minuten, doch als niemand zu sehen war, löste ich die Leine, mit der er an der Laterne festgebunden war, und ging mit Bello nach Hause. „Hoffentlich sieht mich niemand", dachte ich und hatte Glück. Ich konnte unbemerkt durch das hintere Tor in den Garten gelangen. Immer wieder mahnte ich Bello, nur nicht zu bellen, denn ich wollte nicht, dass ihn meine Eltern hören oder sehen konnten.

Im Gartenhaus sollte Bello zunächst einmal seine neue Heimat finden. Ich füllte ihm den Kochtopf wieder mit frischem Wasser und streute das

Hundefutter auf einen alten Plastikteller. Bello konnte gar nicht genug davon bekommen und es schien ihm vorzüglich zu schmecken.

Danach schlich ich ins Zimmer meiner großen Schwester Verena, denn sie besaß unzählige Haarbürsten mit ganz weichen Borsten. Bei so vielen Exemplaren würde es sicherlich nicht auffallen, wenn eine Bürste davon fehlen würde.

Als ich wieder bei Bello in der Hütte war und ihn kämmen wollte, hat ihm das komischerweise gar nicht gefallen, denn er begann sofort laut zu winseln – auch das noch, das durfte nicht sein. Ich konnte ihn nicht beruhigen – wahrscheinlich war er diese „Fellpflege“ nicht gewohnt. Das musste ich an einem anderen Tag noch einmal ausprobieren. Schweren Herzens verabschiedete ich mich allmählich von meinem tierischen Freund, denn es wäre sonst aufgefallen, wenn ich zu spät zu unserer abendlichen Spiele- oder Fernsehrunde ins Wohnzimmer gekommen wäre. Allerdings wunderte sich meine Familie an diesem Abend, dass ich so auffallend still war und schon ganz bald zu Bett gehen wollte.

Am anderen Morgen schlich ich mich schon vor dem Frühstück heimlich durch die Kellertür nach draußen, um nach Bello zu sehen. Er freute sich sehr, als er mich erblickte, aber da er ein sehr kluger Hund war, wusste er, dass er nicht bellen durfte. Jetzt gingen wir beide Gassi – was für ein tolles Gefühl! Bello sprang neben mir hin und her und war ein aufgeweckter, freudiger, kleiner Hund. Zum Glück sah uns niemand bei unserem morgendlichen Spaziergang. Auch an den nächsten drei Tagen hatte ich Glück, denn niemand entdeckte Bello. Allerdings wurde es für mich allmählich immer schwieriger, mich unbemerkt zu ihm zu schleichen. Mein kleiner Bruder Florian beobachtete mich aufmerksam, denn irgendwie kam ihm mein Verhalten in den vergangenen Tagen seltsam vor.

Es kam, wie es kommen musste. Florian war mir unauffällig gefolgt und als ich die Tür zum Gartenhaus einen Spalt aufgemacht hatte, rannte Bello nach draußen und freudig bellend auf meinen kleinen Bruder zu. Ausgerechnet zu dieser Petze!

Durch das laute Bellen aufmerksam geworden, kamen meine Eltern und Geschwister aus dem Haus und waren sehr überrascht über unseren unbekannten Gast. Mutter schimpfte mit mir, dass ich doch nicht einfach einen fremden und dazu auch noch so ungepflegten Hund anschleppen durfte. Doch Bello setzte sich ganz diplomatisch neben Mutter, schaute sie mit seinen treuen, braunen Hundeaugen an und begann herzzerreißend zu winseln – da war es auch um meine Mutter geschehen.

Sie füllte rasch eine große Plastikwanne in unserer Waschküche mit angenehm warmem Wasser, packte Bello, der sich das auch ganz brav gefallen ließ, und setzte ihn ins Wasser. Dann schäumte sie sein Fell mit Babyshampoo ein und säuberte ihm sein zerzaustes, schmutziges Fell. Bello war ganz still und ließ alles über sich ergehen. Er wusste wohl, dass er sonst nie zu Mutter ins Haus durfte. Nach diesem Bad wurde er noch lauwarm abgespült und das Fell kräftig trocken gerubbelt. Danach kam die Bürste meiner Schwester zum Einsatz und wie durch ein Wunder hielt Bello ganz still und war anschließend beinahe nicht wieder zu erkennen.

Zuerst schimpfte meine Schwester mich aus, doch als Bello sie ganz traurig anschaute, konnte sie ihm nicht mehr widerstehen und schloss ihn fest in ihr Herz.

Wir Kinder freuten uns, dass wir nun stolze Hundebesitzer waren, doch meine Eltern dämpften diese Freude. Am anderen Morgen ging Mutter mit Bello und uns Kindern zuerst zur Polizeiwache, um nachzufragen, ob ein kleiner Hund vermisst wurde. Wie froh waren wir, dass noch keine Vermisstenanzeige für einen Hund vorlag. Anschließend marschierten wir alle zum Tierarzt, der sich Bello ganz genau angesehen hatte. Auch er wusste nichts von einem vermissten kleinen Hund und er bemerkte auch, dass Bello keine Hundemarke trug. Das war ein Zeichen, dass jemand seinen Hund wohl nicht mehr haben wollte – wie traurig. Anschließend setzten wir noch eine Anzeige mit Foto von Bello in die Tageszeitung, doch auch hierauf kam keine Reaktion. Zum Glück, denn somit wurden wir die rechtmäßigen Besitzer von unserem Bello.

Das war eine Freude. Bello war viele Jahre unser treuer Begleiter und ein richtiges Familienmitglied. Wir Kinder spielten gerne mit ihm, brachten ihm viele Kunststücke bei und einmal durfte er sogar bei uns in der Schule bei einem Theaterstück mitspielen. Das erfüllte uns Kinder mit besonderem Stolz, denn nicht jeder konnte von seinem Hund behaupten, dass dieser ein „Schauspielhund“ ist.

Die Mainacht

EINFÜHRENDE FRAGEN

- Welche Maitradition gab es bei Ihnen?
- Welche Maischerze haben Sie angestellt?
- Wie haben Sie Ihren Maibaum befestigt?

Endlich war es soweit, der 30. April war gekommen und das sollte die „Nacht der Nächte" werden, um Ursula, der schönen Verkäuferin aus der Bäckerei in unserer Straße, einen Maibaum auf dem Haus zu platzieren.

Wir hatten uns schon ein paar Mal zum Tanzen getroffen und in der vergangenen Woche habe ich sie zum Eis essen eingeladen. Wir saßen in der Eisdiele in der Bahnhofstraße ziemlich dicht nebeneinander – das war ein sehr schönes Gefühl. Ich weiß gar nicht mehr, was wir gesprochen haben oder wer sonst noch in der Eisdiele saß – ich hatte nur Augen für Ursula. An diesem Nachmittag habe ich sie gefragt, ob sie mit mir zum „Tanz in den Mai", das ist bei uns eine Tanzveranstaltung, bei der die ganze Turnhalle rappelvoll ist, gehen möchte. Ihre Augen haben geglänzt und sie hat mir sofort zugesagt.

Gemeinsam mit meinen Freunden Peter und Franz haben wir einen Plan ausgeheckt. Die beiden hatten sich auch in junge Mädchen aus der Stadt verliebt und jeder wollte seine Liebe in dieser besonderen Nacht beweisen.

Am Samstag vor dem 1. Mai gingen wir deshalb gemeinsam in den Wald, um junge Birkenbäume auszusuchen. Ich kannte eine Stelle, an der viele junge Birken wuchsen. Wenn ich mich nicht täuschte, gehörte dieses Waldstück sogar einem entfernten Verwandten von mir. Wir hatten Glück, denn ein Birkenbaum neben dem anderen stand hier – perfekt für unser Vorhaben. Sogar ein schmaler, befahrbarer Waldweg fuhr direkt an diesem Birkenwäldchen vorbei, sodass der Abtransport keine Schwierigkeiten bereiten würde. Wir drei Freunde waren allerdings nicht die einzigen, die sich nach einem geeigneten Birkenbaum umsahen, denn zahlreiche andere Jungs streunten ebenfalls durch den Wald.

Auf dem Heimweg gingen wir am Bastelladen vorbei, um einige Rollen Krepppapier in unterschiedlichen Farben zu kaufen. Diese Rollen zerschnitten wir zu Hause in Streifen, um diese später an unsere Birkenbäumchen hängen zu können. Diese Vorbereitungen für den ersten Teil, den Baum zu schmücken, liefen prima, doch der zweite Teil „das Aufstellen" war der weitaus schwierigere Teil. Das Birkenbäumchen sollte so angebracht werden, dass es am Haus der Liebsten für alle gut sichtbar war. Entweder im Kamin auf dem Dach oder wenn dieses zu steil und gefährlich war, am Balkongeländer oder an der Regenrinne. Also machten wir uns auf den Weg, um die „baulichen Gegebenheiten" zu erkunden. Bei Ursula musste ich mit einer Leiter auf das Garagendach steigen und danach an der Dachrinne entlang klettern, um dann ganz oben im Kamin meinen Maibaum zu platzieren. Es würde nicht einfach werden, aber „was tut man nicht alles aus Liebe".

Dann kam die Nacht zum 1. Mai. Gemeinsam gingen wir auf den Tanz in den Mai und es war unbeschreiblich schön. Ursula hat den ganzen Abend nur mit mir getanzt. Um 24.00 Uhr habe ich sie dann pünktlich nach Hause gebracht, denn an diesem Abend durfte sie ausnahmsweise etwas länger ausgehen. Zum Abschied bekam ich sogar noch einen Kuss – das war meine absolute Krönung des Abends. Ich war sehr froh, dass es dunkel war, denn ich glaube, ich hatte bei diesem Kuss einen knallroten Kopf und sehr heiße Ohren bekommen.

Eilig lief ich nach Hause, denn dort wartete schon Peter, mein Freund, der bereits Autofahren konnte. Ich zog Arbeitskleider und robuste Schuhe an und kaum war ich aus dem Haus getreten, kam auch schon Franz dazu. Schnell wurden Leiter, Säge, grobe Stricke und die bunten Schmuckbänder ins Auto eingeladen und los ging unser Abenteuer. Wir mussten uns beeilen, denn schließlich hatten wir drei Häuser mit Maibäumen zu schmücken und alles musste zügig gehen, bevor die Morgendämmerung einsetzen würde.

Wir freuten uns schon sehr auf die Augen der drei Mädchen, denn so einen Maibaum am Haus zu sehen, galt als öffentlicher Liebesbeweis. Was konnte es Schöneres geben?

Wir kannten uns gut aus im nahegelegenen Wald und nutzten den einen oder anderen „Schleichweg“, auf dem Autofahren normalerweise verboten war. Aber wir mussten uns ja beeilen und außerdem hatten wir Sorge, dass gerade die von uns ausgewählten schönsten Bäumchen von anderen Jungs abgesägt wurden.

An unserem Platz angekommen benötigten wir nicht einmal eine Taschenlampe, denn es war eine klare Vollmondnacht und das war für uns perfekt. Die drei ausgesuchten Bäumchen hatten wir schnell abgesägt und anschließend mit zahlreichen bunten Kreppbändern dekoriert – alle drei Bäumchen sahen wunderschön aus. Schnell wurden unsere „Trophäen“ in den Kofferraum geladen und genau in dem Moment, als wir einstiegen wollten, kam ein Polizeiauto angefahren – so ein Pech!

Die beiden Polizisten stiegen mit ernster Miene aus und wir mussten sofort den Kofferraum öffnen. Darin lagen unsere drei geschmückten Bäumchen. Was jetzt kam, war ein „Albtraum“. Die Polizisten ließen uns die Bäumchen wieder ausladen, die Verzierungen abnehmen und die Bäumchen am Wegesrand ablegen. Außerdem nahmen sie unsere Personalien auf und bestellten uns für den 2. Mai aufs Polizeirevier. Das Ganze dokumentierten sie als „Diebstahl“ und wir würden eine Anzeige bekommen. So viel Pech auf einmal!

Betrübt fuhren wir nach Hause. Unsere Mädchen sind morgen früh sicherlich sehr enttäuscht, dass sie keinen Maibaum erhalten hatten und dann gab es ja noch die Strafanzeige, die uns allen schwer im Magen lag. In dieser Nacht schliefen wir alle sehr schlecht.

Am 1. Mai startete die Mai Kirmes in unserem Dorf – die Mädchen schauten uns mit traurigen Mienen an und keine wollte mit uns sprechen – ihre Enttäuschung war deutlich spürbar. Konnten wir so eine Blamage überhaupt zugeben? Es half nichts, es musste sein. Also berichteten wir unseren Liebsten, was in der Nacht zuvor geschehen war und sie waren total traurig darüber. Uns fiel ein riesen Stein vom Herzen, denn jetzt war, alles wieder gut! Sie nahmen uns schmunzelnd in den Arm und trösteten uns. Bei all dem Pech, das wir hatten, konnten wir diesen Trost doch sehr genießen.

Aber der 2. Mai kam und mit dem Tag auch der Weg zum Polizeirevier. Eine Anzeige, oh je, das konnten wir in unseren jungen Jahren überhaupt nicht gebrauchen. Was sollten wir nur tun. Da hatte meine Mutter eine Idee!

Sie ging ans Telefon und telefonierte mit ihrem Cousin. Tatsächlich, dem gehörte dieses kleine Wäldchen, indem wir unsere Birkenbäumchen abgesägt hatten. Er lachte über dieses Missgeschick und versprach, sofort mit der Polizei Kontakt aufzunehmen. Als wir drei dann zum vereinbarten Termin auf dem Polizeirevier erschienen sind, war das Problem schon gelöst. Der Verwandte bestätigte, dass er nichts gegen unsere Aktion einzuwenden hätte, denn es wäre für den Wald gut, immer wieder kleine Bäume zu entfernen, damit die größeren mehr Platz zum Wachsen hätten.

Natürlich hielt uns der Polizeiobermeister eine lange Strafpredigt, aber wir bekamen keine Anzeige und waren weiterhin „unbescholtene" Bürger.

Diese Mainacht werden wir wohl nie im Leben vergessen. Die drei Mädchen haben wir geheiratet und wir sind auch ohne Maibaum glücklich geworden.

Besuch auf dem Oktoberfest

EINFÜHRENDE FRAGEN

- **Welches große Volksfest haben Sie schon einmal besucht?**
- **Was haben Sie dort getrunken?**
- **Welche unvergesslichen Erfahrungen haben Sie dort gemacht?**

Endlich kam der Tag! Das Münchner Oktoberfest war seit vielen Jahren ein Traum von unserer Kegelgruppe „Die strammen Jungs“. Wir hatten diesen Ausflug schon lange geplant und trafen uns am Morgen um 5.00 Uhr auf dem Bahnsteig.

Nicht alle von uns besaßen eine Lederhose, doch ein kariertes Hemd trugen heute alle.

Von ganz Deutschland fuhren Sonderzüge nach München zum weltbekannten Oktoberfest. Auch wir waren sehr gespannt, was uns dort in der bayrischen Landeshauptstadt erwarten würde.

Zum Glück hatten wir ein Zugabteil für uns reserviert, denn im Zug saßen schon viele Leute, mit demselben Ziel.

Nach zahlreichen Haltestellen kamen wir am frühen Vormittag am Münchner Hauptbahnhof an. Am Hauptbahnhof tummelten sich viele Leute, die allesamt in Tracht gekleidet waren – und wir mittendrin. Jetzt ging es weiter mit der „Tram“, das war die Straßenbahn zur Theresienwiese, auf der das Oktoberfest aufgebaut war. Eigentlich wussten wir nicht so recht, in welche Tram wir einsteigen sollten, aber man musste nur der Menge folgen und schon war man auf dem Weg zur „Wiesn“, wie man in München sagt. Als wir ausstiegen, folgten wir wieder dem Strom von Menschen – alle hatten dasselbe Ziel. Einige Gäste waren schon auffallend gut gelaunt, denn sie hatten wahrscheinlich bereits auf der Fahrt nach München ziemlich viel Alkohol getrunken.

Das war also die bekannte Wiesn! Riesige Bierzelte reihten sich aneinander und in jedem fanden über 1000 Personen Platz. Jedes Zelt sah wie eine riesengroße Halle aus und außen an der Fassade konnte man sofort erkennen, welches Traditionsbier in welchem Zelt ausgeschenkt wurde. Alle Zelte waren aufwändig dekoriert und luden zum gemütlichen Beisammensein ein.

Zuerst drehten wir eine Runde über den Festplatz, damit wir auch alle Zelte bestaunen konnten. Das Hofbräuzelt und das Zelt der Ochsenbraterei waren wohl große Anziehungspunkte. Überall standen schon lange Menschenschlangen vor den Zelten und einige Zelte waren sogar wegen Überfüllung geschlossen – unbeschreiblich.

Der Himmel über dem Oktoberfest strahlte im traditionellen „Weiß-Blau“ und die Temperatur war für Ende September wirklich angenehm. Neben den riesigen Bierzelten gab es auch zahlreiche Fahrgeschäfte, wie ein Riesenrad, ein Kettenkarussell oder auch eine Geisterbahn – alles wie wir es von unserer Kirmes zu Hause kannten, nur viel größer. Beim „Hau den Lukas“ mussten wir sofort unsere Kräfte messen und an einem der zahlreichen Schießstände schossen wir für unsere daheimgebliebenen Partnerinnen eine rote Plastikrose.

Jetzt wurde es aber Zeit, dass wir uns in einem der Bierzelte einen Platz suchten. Wir entschieden uns für das Armbrust-Schützenzelt, denn dort wurde das leckere Paulaner Bier ausgeschenkt.

Beim Betreten des Zeltes schlug uns ein ohrenbetäubender Lärmpegel entgegen und dazu spielte die Musikkapelle flotte Bierzeltmusik. Daran mussten sich unsere Ohren erst gewöhnen.

Zum Glück fanden wir einen schönen Tisch, an dem wir alle Platz hatten, und schnell kam eine freundliche Bedienung, in einem feschen Dirndl und brachte uns, ohne dass wir überlegen mussten, sofort jedem eine „Maß Bier“. Sie konnte in jeder Hand acht Maßkrüge auf einmal halten – das war für uns unvorstellbar. Ach, so ein frisch gezapftes, kaltes Bier tut so gut – es floss durch unsere durstigen Kehlen wie frisches Wasser. Dazu spielte die Trachtenkapelle ständig „Ein Prosit, ein Prosit der Gemütlichkeit“ und wir hatten zwischen den Schunkelliedern immer kräftig mitgetrunken. Die erste Maß war sehr schnell leer. Eine zweite musste nicht bestellt werden, denn die Bedienungen drehten ständig ihre Runden und sorgten für sofortigen Nachschub. Dazu war es aber ratsam, möglichst bald ein deftiges, sättigendes Essen zu bestellen, damit wir auch eine „Grundlage“ im Bauch hatten. Das Armbrust Schützenzelt war für seine deftigen bayrischen Spezialitäten bekannt und diese ließen wir uns schmecken. Schweinshaxe oder Hähnchen, genannt „Hendl“ mit Kartoffelsalat, Schweinsbraten mit Knödel, eine Brotzeitplatte mit Rauchfleisch, Schinken, Obadzder Käse, Käsewürfel und natürlich dem Radi – dem Münchner großen weißen Rettich. Alles schmeckte prima, riss uns aber ein sehr großes Loch in den Geldbeutel. Eine Maß kostete damals 5,60 DM (Deutsche Mark) und das war ganz schön teuer.

Auf der Bühne traten Sängerinnen und Sänger sowie Jodler- und Schuhplattler- Gruppen auf. Wir saßen für einige Stunden im Zelt und hatten trotz unserer ausgelassenen Stimmung den Alkoholkonsum gut im Griff.

Anschließend drehten wir noch einmal eine Runde und entdeckten dabei im hinteren Teil des Festgeländes die „Alte Wiesn“. Das ist ein großer, sehr gemütlicher Biergarten und dort saßen wir noch ein wenig, um typisch bayrische Nachspeisen wie Zwetschgenknödel, Kaiserschmarrn oder knusprig gebackene Apfelküchlein zu genießen, bevor wir uns wieder auf den Weg zum Bahnhof aufmachten. Außerdem gab es dort historische Fahrgeschäfte wie zum Beispiel eine kleine Schiffschaukel zu bestaunen – genau wie in früheren Zeiten.

Jeder kaufte noch gebrannte Mandeln oder Magenbrot und ein Lebkuchenherz als Geschenk für die Frau zu Hause.

Dann traten wir den Heimweg an. Auch hier mussten wir keiner Beschilderung folgen, denn wir folgten einfach wieder dem großen Menschenstrom, der uns direkt zur Tram und weiter zum Bahnhof führte. Auf dem Weg dorthin war es sehr unterhaltsam, denn zahlreiche Festbesucher hatten vielleicht doch die eine oder andere Maß zu viel getrunken und als Folge einen ziemlich schwankenden Gang.

Als wir wieder in unserem Zug saßen, ließen wir noch einmal den wunderschönen Tag Revue passieren und hatten noch viel Spaß. Da die Zugfahrt allerdings einige Stunden dauerte, wurde es allmählich immer ruhiger in unserem Abteil, denn einer nach dem anderen war vor Müdigkeit eingeschlafen.

Zu Hause angekommen fühlten wir uns wieder erholt und unseren Frauen bereiteten wir mit unseren mitgebrachten Präsenten eine große Freude.

Das Seifenkistenrennen

EINFÜHRENDE FRAGEN

- **Welchen Namen gaben Sie Ihrer Seifenkiste?**
- **Mit wem haben Sie die Seifenkiste gebaut?**
- **Welche Teile haben Sie darin verbaut?**

Jedes Jahr am dritten Wochenende im September war es endlich soweit – das über die Landesgrenzen hinaus bekannte Seifenkistenrennen stand im Kalender. Wie hatten sie sich diesen Tag herbeigesehnt.

„Die rasanten Vier“, so wurde die Gruppe genannt. Vier gute Freunde, die miteinander durch Dick und Dünn gingen und alles gemeinsam unternahmen.

Schon seit vielen Jahren hatten sie an diesem Seifenkistenrennen teilgenommen. Sie kamen meist auf einen der drei ersten Siegerplätze und in diesem Jahr hatten sie sich ganz fest vorgenommen, die Siegertrophäe mit nach Hause zu nehmen. Der erste Preis war eine Einladung des Gewinnerteams zu einem Formel I Rennen am Hockenheimring, um dort ein Rennen live zu erleben. Zusätzlich durften die Gewinner am Abend als Beifahrer in einem sogenannten „Renntaxi“ mitfahren. Das war der Traum von allen.

Doch der Sieg würde in diesem Jahr besonders schwer werden, denn bei so einer Siegerprämie meldeten sich sehr viele Teilnehmer an. Also musste ein ganz besonderer Plan geschmiedet werden.

Albert, Peter, Xaver und Ulrich hatten schon einige Pläne aufgezeichnet und darüber heftig diskutiert. Das ganze Jahr über mussten sich alle nach geeigneten Baumaterialien umsehen. Wie gut, dass zweimal im Jahr die Sperrmüllsammlung angesetzt war, bei der begehrte Sammlertrophäen zu finden waren. Xaver fand bei seinen Sammeltouren Gummiräder in unterschiedlicher Größe, die meist von alten Kinderwagen oder Sackkarren stammten. Mittlerweile hatte das Team einige Radsätze. Wenn dann auch noch Lenkstangen oder intakte Achsenstangen dabei waren, dann war das schon ein ganz besonderes Glück.

Außerdem ging Albert mit Ulrich immer wieder zum Schrotthändler und in diesem Jahr fanden sie dort auch noch zwei Lenkräder in unterschiedlicher Größe. Peters Vater arbeitete als Schreiner und deshalb waren Holzteile für die Karosserie kein Problem, denn die bekamen die jungen Rennfahrer von ihm.

Zu Hause bei Xaver wurde gebaut und konstruiert, denn sein Vater hatte eine perfekt ausgestattete Werkstatt. Alles, was sie benötigten, war vorhanden: Schrauben, Muttern, Unterlegscheiben, Nägel, Sägen, Werkzeug, Lötkolben, Hammer, Schraubzwingen und noch Vieles mehr.

Jede freie Minute arbeiteten sie an ihrem Rennwagen – oft bis in den späten Abend hinein. Besonders intensiv war ihre Bauphase während der Ferien. Xavers Mutter brachte ihnen immer die leckersten Brote oder jetzt im Herbst oft einen selbstgebackenen Kuchen, das war einfach klasse!

Natürlich waren sie sich nicht immer einig, ganz besonders dann nicht, wenn sie eine Probefahrt mit ihrem „Provisorium" machten, bei der es nicht so gelaufen ist, wie sie es sich vorgestellt hatten. Die Unterstützung ihrer Väter haben sie nicht angenommen, denn die Regeln besagten, dass dieses Projekt ohne Hilfe von Erwachsenen durchgeführt werden musste. Sich an diese Regel zu halten war Ehrensache.

Die Zeit verflog und der Termin des Rennens rückte immer näher. Ihr Rennwagen fuhr immer schneller und die kleinen Mängel, mit denen sie ab und an zu kämpfen hatten, bekamen sie immer besser in den Griff! Das Rohmodell war fertig und jetzt ging es an die Farbgestaltung. Sie einigten sich auf Ferrari-rot – denn so sahen Siegerautos aus!

Jede Seifenkiste hatte einen Namen – doch diese Entscheidung trafen sie erst kurz vor dem Rennen. Zwei von ihnen saßen im Wagen und die anderen Zwei gehörten zum Team. Jeder wollte als Fahrer dabei sein und deshalb wechselten sie sich ständig ab. Jetzt, drei Tage vor dem großen Rennen war die Entscheidung gefallen. Xaver und Albert sollten die Rennfahrer sein, denn sie fuhren die beste Zeit. Also stand der Name des Rennwagens fest: „ALXA“. Der Name setzte sich aus Albert und Xaver zusammen und mit großen, schwarzen Buchstaben pinselten sie diesen Namen auf ihren Ferrari-roten Rennwagen. Das sah toll aus!

Die Spannung stieg ins Unermessliche – nur noch eine Nacht und dann ging es los.

Als endlich der große Tag gekommen war, luden „Die rasanten Vier“ ihren Rennwagen auf den Anhänger von Ulrichs Vater und los ging es zur Meldestation, die am Anfang der Rennstrecke platziert war. Die genaue Rennstrecke wurde erst am Wettbewerbstag bekannt gegeben und abgesteckt. Sie meldeten sich an und bekamen eine Startnummer. Ganze 35 Teams haben sich zum Rennen angemeldet und ihre Startnummer war die 31. So ein Pech, denn so weit hinten zu starten war nicht gerade ihr Ziel. Aber es war fair, denn das Los hatte entschieden.

Danach wurde ihre Seifenkiste von einem Expertenteam auf Sicherheit und Mängel geprüft. Nichts wurde beanstandet – alles war perfekt!

Jedes Team durfte zwei Probeläufe fahren. Xaver und Albert bestiegen ihre Seifenkiste und waren bei der ersten Fahrt ziemlich vorsichtig, denn jetzt aus der Kurve getragen zu werden, das wäre fatal gewesen. Die zweite Fahrt war rasanter, aber die beiden fuhren trotzdem auf Sicherheit und das war sehr vernünftig, denn bereits bei den Probedurchläufen mussten fünf Seifenkisten ausscheiden, weil sie aus der Kurve geflogen waren oder andere technische Defekte aufwiesen.

Die Konkurrenz war in diesem Jahr sehr stark. Tolle Seifenkisten waren am Start und diese fuhren zudem noch sehr gute Zeiten – der Sieg würde schwer werden, aber Albert und Xaver gaben ihr Bestes.

Sie wurden von Freunden und von ihren Familien lautstark unterstützt. Ihre Fans hatten sich entlang der Strecke verteilt und konnten sie kräftig anfeuern.

Jetzt ging das Rennen los. Albert und Xaver stiegen in ihren Flitzer und warteten an der Startlinie. Der Starter zählte 5, 4, 3, 2, 1 und los ging es. Ulrich und Peter schoben den Renner bis zur vorgesehenen Markierung und dann ging es bergab. Eine rasante Fahrt lag vor den beiden Rennfahrern. Die erste Kurve nahm Xaver, der am Lenkrad saß, beinahe etwas zu knapp und das kostete ihn Zeit, doch dann lief alles perfekt. Jede Kurve schnitt er im richtigen Winkel an und die Seifenkiste schoss wie ein Blitz die Strecke entlang. Das würde sicherlich eine gute Zeit werden. Aber im Rennen waren ebenfalls sehr schnelle Teams – es würde ein Kopf an Kopf Rennen werden.

Die beiden erreichten das Ziel und bremsten am Auslauf sicher und routiniert ab. Das wäre geschafft – jetzt mussten alle auf die Wertung warten.

Das Gefühl war gut, aber ob es zum Sieg reichen würde? Die anschließende Besprechung der Jury dauerte ziemlich lange.

Die zahlreichen Zuschauer, die an der Strecke gestanden hatten, versammelten sich nun am Ziel. Es folgte die spannende Siegerehrung.

Die Platzierung der einzelnen Seifenkisten wurde vorgelesen und mit großem Beifall belohnt. Endlich kamen die drei Erstplatzierten. „Da sind wir dabei“, sagte Albert. Xaver zitterten bereits die Knie. Was jetzt kam, konnten sie alle gar nicht richtig fassen – es war wie ein Traum. Der Rennleiter hat ihren Namen als 1. Platz vorgelesen – tosender Beifall. Die Vier durften nach vorne kommen, ihre Hände wurden geschüttelt, sie bekamen einen großen, goldfarbenen Pokal und das Beste war: sie bekamen ihren Siegerpreis und durften zu einem Rennen an den Hockenheimring fahren.

Mit dem Sieg ihrer Seifenkiste ALXA war ihr größter Traum Wirklichkeit geworden und das schweißte ihre Vierergruppe noch mehr zusammen.

Noch heute sind „Die rasanten Vier“ befreundet und erinnern sich noch gerne an dieses tolle Ereignis und an ihren Sieg zurück.

Die Vatertags-wanderung

EINFÜHRENDE FRAGEN

- **Mit wem haben Sie eine Vatertagswanderung unternommen?**
- **Was hatten Sie als Proviant dabei?**
- **Welche Lieder wurden dabei gesungen?**

Traditionell unternahmen wir immer am Vatertag, welcher am Feiertag „Christi Himmelfahrt“, gefeiert wird, eine Männerwanderung in die nähere Umgebung.

Wochen vorher planten wir 12 Freunde bei unserem wöchentlichen Skatabend, wohin der Weg uns führen sollte. In diesem Jahr herrschte eine kleine Unstimmigkeit, denn zwei der Freunde wollten die erste Strecke mit dem Zug zurücklegen und das stieß bei den anderen auf massiven Widerstand.

„Vatertagswanderung ist, wie der Name schon sagt, eine Wanderung und keine Fahrt“, sprach Kurt, der Älteste aus unserer Runde. Zahlreiche Ziele in der Umgebung kann man ohne Probleme erwandern und das ist auch gut so. Niemand widersprach Kurt und die beiden „Aufmüpfigen“ waren damit auch einverstanden.

In diesem Jahr war unsere Clubkasse ganz gut gefüllt, denn bei unseren Treffen fehlte ständig jemand. Jedes Fehlen wurde mit einem Beitrag von 10 DM in die Clubkasse „bestraft“ und da kam im vergangenen Jahr eine beträchtliche Summe zusammen

Nach langen Diskussionen einigten wir uns auf ein 15 Kilometer entferntes Kloster, welches bekannt war für sein traditionell gebrautes Bier – das waren schöne Aussichten. Auf dem Weg dorthin würden wir eine stärkende Rast einlegen, denn Wandern macht bekanntlich hungrig und an diesem Tag besonders durstig.

Helmut organisierte den hölzernen, bereits in die Jahre gekommenen Leiterwagen und seine Frau Ulrike und Tochter Helga schmückten den Wagen mit Birkenästen und Krepppapierbändern. Ein nicht zu kleines Fass Bier, eine Flasche Zwetschgenwasser, belegte Brote für alle, einige Flaschen Apfelsaft und Mineralwasser für die „nicht Biertrinker", ein Akkordeon und eine große Picknickdecke fanden ebenfalls darauf Platz.

Am Morgen des Vatertags trafen wir uns bei Helmut und sofort wurde auf diese Wiedersehensfreude mit einer Runde Schnaps angestoßen. Alle Männer trugen bunte Karohemden und ihre Wanderhosen, so dass der Wettbewerb um die strammsten Wadenbeine eröffnet war. Danach packte jeder aus unserer Männerrunde seinen eigenen Bierkrug aus – auch das war eine Tradition – und legte ihn in den Wagen. Mit viel Gelächter und sehr guter Laune konnte die Wanderung bei strahlendem Sonnenschein beginnen.

Der Weg führte uns über Wiesen und durch den Wald, so dass sich Sonne und Schatten abwechselten. Immer wieder machten wir eine kleine Pause, um unser frisch gezapftes Bier und vielleicht das eine oder andere Schnäpschen zu trinken. Unser Gesang und unsere lebhafte Unterhaltung waren sicherlich weit zu hören. Je länger wir wanderten, umso lauter und beherzter war unser Gesang. Auf halber Strecke legten wir dann eine längere Pause auf schattigen Holzbänken im Wald ein. So ein herzhaft belegtes Brot mit frischem Honigschinken und Speck war jetzt genau das Richtige!

Gestärkt konnte es weitergehen, denn zu viel Zeit durften wir nicht verlieren, da wir zu einer Brauereibesichtigung angemeldet waren.

Pünktlich um 11.30 Uhr kamen wir an unserem Ziel an. Bruder Albert, der für das Bierbrauen zuständig war, erwartete uns bereits. Er begrüßte uns freundlich und führte uns durch die Brauerei. Wir sahen das Hopfenlager, die Getreidespeicher, die großen kupfernen Braukessel, die Lagerräume mit den großen Edelstahl Biertanks und unsere Führung endete in einem Raum mit einer Abfüllanlage und der Etikettier-Maschine. Zu sehen, wie Bier gebraut wurde, war für uns alle sehr interessant, aber jeder freute sich ganz besonders, auf die Bierverkostung, die unsere Führung abrundete. Besonders das Starkbier, das „Kloster Doppelbock", mundete vorzüglich.

Jetzt wurde es aber Zeit, eine stärkende Mahlzeit einzunehmen, denn unser Bierkonsum war mittlerweile doch erstaunlich hoch.

Im Biergarten unter den alten Linden zu sitzen und ein herzhaftes Mahl zu sich zu nehmen, macht an so einem Tag doch etwas müde und die Unterhaltung war während dieser Zeit anstrengender als sonst.

Horst und Willy hielten am Tisch sogar einen kurzen Mittagsschlaf, bei dem sie lautstark schnarchten. Die Gäste an den umliegenden Tischen hatten große Freude an unseren beiden schnarchenden Freunden. Pech war allerdings, dass Willy Lehrer an der Grundschule war und einige seiner Schüler zusammen mit ihren Eltern heute ausgerechnet in diesem Biergarten saßen. Die hatten einen ganz besonderen Spaß an ihrem sehr „entspannten Lehrer".

Nach dieser Zeit des Ausruhens wurde es allmählich Zeit, sich wieder auf den Heimweg zu machen. Zuvor brachte die freundliche Bedienung unserer Gruppe einen extra starken Kaffee, um unsere Köpfe wieder etwas „freier" zu machen, und der entfaltete seine Wirkung. Einigermaßen standfest machten wir uns anschließend wieder auf den Heimweg.

Es war hilfreich, dass zwei Freunde dabei waren, die keinen Alkohol getrunken hatten, denn sonst wären wir sicherlich an der einen oder anderen Weggabelung auf unserem Heimweg falsch abgebogen.

Das Besondere an unserer Maiwanderung war, dass wir die gesamten Kosten aus unserer Clubkasse bezahlen konnten. Hierfür war unser Schatzmeister Xaver verantwortlich. Xaver hatte den ganzen Tag über einen kühlen Kopf bewahrt, um alle Rechnungen ordentlich zu begleichen, sodass unsere Buchführung am Ende perfekt stimmte. Allerdings war sie nach so einem erlebnisreichen und doch etwas feuchtfröhlichen Tag nahezu leer.

Am frühen Abend kamen wir alle wieder gut und sicher zu Hause an und freuten wir uns schon jetzt auf die Wanderung im nächsten Jahr. Jetzt hatten wir wieder ein weiteres Jahr Zeit, unsere Clubkasse zu füllen, um auch im kommenden Jahr wieder eine so schöne Wanderung wie heute zu unternehmen.

Echte Kerle rauchen Zigarren

EINFÜHRENDE FRAGEN

- **Was sagt Ihnen der Begriff „Narrenholz“?**
- **Welche Zigarren oder Zigarettenmarke haben Sie früher geraucht?**
- **Was kostete eine Packung Zigaretten?**

An meine erste Zigarre und an deren Folgen erinnere ich mich noch so, als wäre es erst gestern gewesen.

Jeden Abend nach dem Abendessen stand mein Vater auf, ging zum Wohnzimmerschrank, schloss diesen auf und nahm eine große, alte Holzkiste heraus. In dieser geheimnisvollen Holzkiste war alles aufbewahrt, was ein echter Mann zum Rauchen benötigt:

eine kleine Zigarrenpackung mit 20 Zigarren, ein Anbohrstift, ein Anschneider, Streichhölzer und für besondere Zigarren ein großer Holzspan zum Anzünden. Außerdem lagen dort drei große, dicke, einzeln verpackte und handgedrehte Cohiba Zigarren aus Kuba. Diese Zigarren bekam Vater immer wieder als Wertschätzung von seinem Chef, die deshalb auch nur an ganz besonderen Festtagen wie Weihnachten, Geburtstagen oder am Hochzeitstag geraucht wurden.

Für mich als kleiner Junge war es der spannendste Moment des Tages. Jeder Handgriff lief immer exakt gleich ab. Vater nahm die Holzkiste mit ins Esszimmer und dann konnte die Rauchzeremonie beginnen. Zuerst brachte ich ihm den Aschenbecher. Mutter hatte ihn Vater zu Weihnachten aus Bauchbinden gebastelt. Bauchbinden sind die Banderolen, die jede einzelne Zigarre umschließen. Nur am Sonntag durfte ich ihm unseren goldfarbenen Schleuderascher, der auf einem passenden Tablett stand, bringen. Dieser hatte mich schon immer fasziniert und ich freute mich jeden Sonntag darauf, dass dieser zum Einsatz kam.

Danach nahm Vater aus der kleinen Zigarrenkiste mit der Aufschrift „Wappenkrone“ eine Zigarre heraus, entfernte die durchsichtige Zellophan Folie und hielt die Zigarre noch für einige Sekunden andächtig in den Händen. Dann nahm er seinen Anschneider, schnitt sorgsam einen kleinen Teil der Zigarre am oberen Ende ab und entfernte anschließend die Bauchbinde der Zigarre. Diese Bauchbinde wurde sorgsam ausgestrichen und in einem kleinen Pappkarton aufbewahrt. Danach wurde das Streichholz entflammt und die Zigarre angezündet. Das war spannend, denn Vater zog in kurzen Zügen an der Zigarre und sofort konnte man am unteren Ende sehen, wie sich der silberne Aschenkranz bildete. Das war faszinierend.

Was dann kam, beherrschte sicherlich nur mein Vater so perfekt. Er zog an der Zigarre und mit dem Rauch, der aus seinem Mund kam, konnte er wunderschöne „Gebilde“ entstehen lassen. Aus seinem Mund kamen Rauchringe in ganz unterschiedlichen Formen. Mal waren es große Rauchringe, dann wieder zahlreiche kleine hintereinander – ein Ring glich dem anderen.

Wie habe ich den Duft, welcher sich in dem kleinen Raum rasch ausbreitete, geliebt. Mutter allerdings war nicht so begeistert davon, denn ab und zu schimpfte sie, weil sie die Gardinen wegen des Zigarrenrauches viel häufiger waschen musste. Doch Vater lächelte nur und genoss dieses Abendritual jeden Abend aufs Neue. Im Esszimmer verbreitete sich der Rauch ziemlich stark, sodass man beinahe nichts mehr sehen konnte – man wurde förmlich eingenebelt. Das gefiel mir besonders gut.

Nachdem er die Zigarre zu Ende geraucht hatte, was ziemlich lange dauerte, legte er die übrigen Utensilien wieder sorgsam in die große Zigarrenkiste im Wohnzimmer. Den Aschenbecher rieb er immer mit einem Stück alter Zeitung aus und ich stellte diesen dann wieder ordentlich an seinen Platz zurück.

Während dieser Aufräumungsaktion öffnete Vater die Fenster im Esszimmer weit, um den zurückgebliebenen Rauch nach draußen ziehen zu lassen.

Diese Faszination ließ mich nicht los und gemeinsam mit meinem Freund Hans schmiedeten wir den Plan, bei einer günstigen Gelegenheit, auch einmal eine Zigarre zu rauchen. Aber es war nicht ganz einfach, in den Besitz einer Zigarre zu gelangen. Vater wusste ganz genau, wann Mutter wieder neue Zigarren kaufen sollte. Zählte er vielleicht mit?

Immer wieder unternahm ich einen Versuch, mir eine Zigarre aus der Holzkiste zu nehmen, aber dann verließ mich doch der Mut.

An einem Sonntag war es dann endlich soweit. Vater und Mutter saßen gemütlich auf der Gartenbank und unterhielten sich mit den Nachbarn. Ich schlich leise ins Wohnzimmer, öffnete den Schrank und schon stand die große hölzerne Zigarrenkiste vor mir. Ich nahm mit zitternden Fingern eine Zigarre heraus, stellte alles wieder sorgsam zurück und verschwand in meinem Zimmer. Mein schlechtes Gewissen plagte mich schon ziemlich, aber die Vorfreude auf die Zigarre war viel größer.

Am anderen Tag, gleich nachdem die Hausaufgaben gemacht waren, traf ich mich mit Hans hinter unserem Schuppen im Garten. Hans hatte ein Taschenmesser dabei, um die Zigarre anzuschneiden und eine Packung Streichhölzer. Jetzt also los.

Wir schnitten die Zigarre am oberen Ende ab und sofort wurde ein Streichholz entzündet. So einfach, wie es bei Vater ausgesehen hatte, war das aber doch nicht – erst nach dem siebten Streichholz gelang es uns, die Zigarre anzuzünden. Ich zog kräftig an der Zigarre. Oh Schreck, das war furchtbar, denn der Rauch in meinem Mund löste bei mir einen großen Hustenanfall aus – mir blieb beinahe die Luft weg.

Hans lachte und nahm mir die Zigarre aus den Händen. Er konnte das sicherlich viel besser als ich – doch auch er hustete und prustete. Das schien wohl doch nicht ganz so einfach zu sein. Aber echte Kerle geben nicht so schnell auf und deshalb zogen wir abwechselnd noch einige Male an der Zigarre. Freude oder gar Genuss war das aber nicht! Irgendetwas stimmte nicht, denn mir wurde furchtbar übel von diesem Rauch. Auch Hans wurde ganz grün im Gesicht. Schnell nahmen wir die Zigarre und tauchten sie ins Regenfass, um die Glut zu ersticken. Anschließend gruben wir im Gartenbeet ein Loch, um die Zigarre dort unbemerkt verschwinden zu lassen.

Mit einem schlechten Gewissen schlichen wir uns nach Hause. Oh je, Mutter stand an der Haustür und hatte schnell bemerkt, dass unsere Kleider sehr nach Rauch rochen und wir ziemlich blass ausgesehen haben. Sie wusste natürlich sofort, was dahintersteckte. Schimpfen musste sie mich nicht mehr, denn ich legte mich freiwillig rasch in mein Bett, weil es mir überhaupt nicht gut ging.

Auch am anderen Morgen beim Frühstück gab es von meinen Eltern keine Strafpredigt. Vater sagte nur schmunzelnd: „Manche Dinge können eben nur erwachsene Männer genießen.“

Seit dieser Zeit haben Hans und ich nie wieder eine Zigarre geraucht. Dieses Zigarrenerlebnis haben wir aber nicht vergessen und noch oft in froher Runde darüber gelacht.

Mein Schrebergarten

EINFÜHRENDE FRAGEN

- **Welches Obst haben Sie in Ihrem Schrebergarten angebaut?**
- **Wie häufig waren Sie in Ihrem Schrebergarten?**
- **Wie weit entfernt lag Ihr Schrebergarten?**

Es war schon immer mein Traum, einen eigenen Schrebergarten zu besitzen. Bei uns in der Kleinstadt war es gar nicht so einfach, an eine begehrte Parzelle zu kommen.

Das Ehepaar Blum aus unserer Nachbarschaft besaß so einen Schrebergarten. Ab und zu bat mich das Ehepaar, ihnen bei anstrengenderen Arbeiten im Garten zu helfen. Das tat ich sehr gerne, denn die Arbeit in der Natur bereitete mir sehr viel Freude. Diese kleinen Hilfsaktionen waren in den letzten beiden Jahren immer häufiger und dabei lernte ich einige freundliche Parzellennachbarn kennen.

Eines Abends klingelte es an unserer Haustüre und das Ehepaar Blum stand davor. Meine Frau Emma und ich baten sie zu uns in die Wohnung und gemeinsam saßen wir an unserem gemütlichen Esszimmertisch und tranken ein Glas Rotwein. Herr Blum sprach ziemlich rasch das Thema Schrebergarten an. Er fragte uns, ob wir es uns vorstellen könnten, seine Parzelle zu übernehmen. Meine Frau blickte mich strahlend an, denn bei diesem Thema waren wir uns sofort einig. Wie schön, das war eine Überraschung, mit der wir nicht gerechnet hatten.

„Ist es überhaupt möglich, dass wir Ihren Garten übernehmen können, wo es doch eine lange Warteliste mit Interessenten gibt?“, fragte meine Frau skeptisch.

„Das haben wir bereits geklärt“, verkündete Herr Blum. Durch meinen häufigen Arbeitseinsatz in der Gartenanlage war ich bereits bekannt und die Schrebergartenbesitzer hatten beschlossen, mich gerne als neuen Parzellenbesitzer aufzunehmen. Was für ein Glück!

Wenige Tage später unterschrieben wir auf dem Rathaus unseren Pachtvertrag und besuchten anschließend gemeinsam mit dem Ehepaar Blum die Gartenanlage. Mit großer Freude wurden wir von den anderen Laubenbesitzern begrüßt.

Jetzt konnten wir also unser eigenes Gemüse anbauen und Blumen pflanzen. Emma nähte für das Gartenhaus neue Vorhänge, putzte die Fenster und das ganze Häuschen, dass es nur so glänzte. Die Einrichtung im Gartenhäuschen war noch sehr gut erhalten und wir konnten alles vom Ehepaar Blum übernehmen.

Vom nahegelegenen Reitstall organisierte ich mir frischen Pferdemist, den ich als Dünger in die Beete einarbeitete. Mindestens 20-mal fuhr ich mit meiner Schubkarre die Mistladungen vom Pferdehof in meinen Garten – das war eine anstrengende Arbeit. Von unseren Nachbarn bekam ich zahlreiche Jungpflanzen und Samen, die ich in die vorbereiteten Beete setzte und gut angegossen hatte. Damit war es aber nicht getan. Ständiges Unkraut jäten, aufhacken und Schnecken einsammeln waren unsere täglichen Tätigkeiten.

Im Blumenbeet mussten die verblühten Blüten ausgeschnitten werden und der Jahreszeit entsprechend, neue Blumen nachgepflanzt werden.

Natürlich feierten wir mit den Nachbarn auch ein großes Begrüßungsfest, bei dem wir unseren neuen Holzkohlegrill einweihen konnten. Die Nachbarn brachten leckere, frische Salate mit, die sie mit Zutaten aus ihrem Schrebergarten zubereitet hatten. Überhaupt tat Emma und mir diese Gemeinschaft sehr gut. Man half sich gegenseitig, was uns als unerfahrene Gartenbesitzer sehr unterstützt hat. Wir konnten mit allen Fragen oder Problemen rund um den Garten zu unseren Gartenfreunden kommen. Immer wusste jemand einen guten Rat.

Jede freie Minute waren wir in unserem Garten. An Sonn- und Feiertagen kochte Emma zu Hause vor, um das Essen dann auf einem kleinen Gaskocher im Gartenhäuschen zu erwärmen – einfach praktisch. Zu Beginn gab es in der Anlage kein frisches Trinkwasser, nur Gießwasser. Aus diesem Grund füllten wir zu Hause Trinkwasser in große Kanister ab, um unser Gemüse oder Obst damit zu waschen. Häufig benutzten wir auch unseren Grill, denn das war für uns ein ganz neues „Kocherlebnis".

In unserem Häuschen hatten wir einen Getränkevorrat, allerdings keinen Kühlschrank, und selbstverständlich Kaffeepulver und Filtertüten, um frischen Kaffee aufzubrühen.

Immer wieder kam das Ehepaar Blum zu Besuch und alle freuten sich, die früheren Gartenbesitzer wieder einmal zu treffen. Es war ein sehr schönes, gemütliches Miteinander. Wir arbeiteten viel und gerne im Garten, genossen aber auch die Zeit auf unseren „Dreibein-Liegebetten", die wir uns gleich im ersten Frühling gekauft hatten. Da lagen wir im Schatten unseres Apfelbaumes und haben gemütlich ein Buch gelesen.

Im Laufe der Zeit legten wir uns bequemere Gartenmöbel zu und als Emma im Sommer Geburtstag hatte, überraschte ich sie mit einer Hollywoodschaukel. Was für eine Freude, das hatte sich Emma immer schon gewünscht. Hier saß sie oft mit Gartennachbarinnen um sich auszutauschen oder gemütlich eine Tasse Kaffee zu trinken.

Zahlreiche Feste haben wir hier gefeiert, aber auch ruhige, entspannte Stunden verbracht. Das Schöne an unserer Laube war, dass man von niemandem gestört wurde, wenn man einmal seine Ruhe haben wollte und sich in Ruhe erholen konnte.

Die Ernte von eigenem Gemüse oder Obst das ganze Jahr über machte uns sehr stolz. Im Winter gab es bei uns häufig Obstkuchen, denn die verschiedenen Früchte hatte Emma eingekocht oder später eingefroren und damit konnte sie auch im Winter die leckersten Kuchen backen.

Das Gemüse reichte bis in den Winter hinein und zauberte so manches besondere Mittagessen auf den Tisch.

Heute wohnen wir in einem Haus mit großem Garten und deshalb haben wir die Parzelle an eine junge Familie abgegeben. Noch gerne denken wir an die schönen, geselligen Stunden in unserem Schrebergarten zurück.

Der dickste Fisch an der Angel

EINFÜHRENDE FRAGEN

- Wo haben Sie früher geangelt?
- Mit welchen Ködern haben Sie geangelt?
- Wie groß war Ihr größter Fisch?

Den Forellenteich am Rande der Siedlung hatten Peter und Herbert schon lange sehr interessiert beobachtet.

Montag-, Mittwoch- und Freitagabend trafen sich dort Männer, um zu angeln. Faszinierend, denn kaum hatten diese ihre Angelschnur in den Teich ausgeworfen, zogen sie mühelos die dicksten Forellen aus dem Wasser – richtige Prachtstücke waren das. So große Fische wollten die beiden Jungs auch einmal angeln und nachdem sie dieses Schauspiel einige Wochen aufmerksam beobachtet hatten, schmiedeten sie einen geheimen Plan.

Bei Peter im Garten stand ein alter, großer Haselnussstrauch. Diese langen Äste eigneten sich hervorragend für Angelruten. Vorsorglich schnitt Peter gleich 6 lange Äste am hinteren Teil des Busches ab, sodass Mutter und Vater es nicht sofort bemerkten. Herbert besorgte sich aus dem Angelkasten seines Vaters heimlich ein paar Angelhaken in unterschiedlichen Größen und eine Rolle Angelschnur.

Am Nachmittag trafen sich die beiden Jungs, um die Angelruten vorzubereiten – ach ja, ein Stück Kork sollte als „Schwimmer“ auch noch an der Angelschnur befestigt werden.

Das Aufwändigste wäre also geschafft. Jetzt fehlte noch ein Stück Holz, um die Forellen, falls sie aus dem Wasser gezogen wurden, zu erschlagen und ein großer Eimer. Das wird ein spannendes Abenteuer!

Am Donnerstag Spätnachmittag war es dann soweit. Die beiden „Angler" schlichen sich so unauffällig wie möglich durch die Siedlung und waren bald am Forellenteich angekommen. Wie erwartet, war weit und breit niemand zu sehen. Es konnte also losgehen.

Durch ein Loch im Zaun schlüpften Peter und Herbert hindurch und waren schneller als gedacht am Uferrand. Irgendwie ist so eine Aktion schon aufregend, denn Peter zitterten die Knie ziemlich heftig. „Sei jetzt kein Weichei", schimpfte sein Freund Herbert und das wollte Peter sich nicht zweimal sagen lassen.

Sie bestückten ihre Angelschnur mit einem Angelhaken, einem Stück Kork und einem großen Stück Brot. Im hohen Bogen versuchten sie nun, die Angel ins Wasser zu werfen, so wie sie es bei den Männern beobachtet hatten – aber das ging gründlich schief! Der Angelhaken verfing sich am Uferrand und es dauerte einige Zeit, bis es ihnen gelang, diesen wieder zu entfernen. Bei den Anglern sah das alles immer so einfach aus. Nach dem siebten Versuch hat es dann endlich geklappt und der Angelhaken war im Wasser platziert. Sekunden später bewegte sich der Angelhaken und einige dicke Forellen waren schon zu sehen – so ein Glück, die beiden jungen Hobbyangler konnten es beinahe nicht fassen. Forellen angeln war so einfach!

Langsam zogen sie jetzt den Angelhaken wieder zurück, doch die Enttäuschung war groß. Das Brot war weggefressen, aber von einer Forelle am Angelhaken fehlte jede Spur. Da musste die Taktik geändert werden.

Wie gut, dass sie am Abend zuvor, nachdem es geregnet hatte, im Gartenbeet zahlreiche dicke, fette Regenwürmer aus der Erde gezogen und diese in einer großen Dose mit genügend Erde aufbewahrt hatten. Diese Regenwürmer wurden jetzt an den Angelhaken gehängt und die Angel ausgeworfen. Herbert und Peter waren ganz still, um die Forelle nicht zu vertreiben, und dann war es so weit. Die Angelschnur fing an zu wackeln und zu ziehen – das war eine Freude.

Ganz aufgeregt, aber vorsichtig zogen sie die Angelschnur mit der Forelle am Angelhaken aus dem Wasser. Das Ziehen war ziemlich stark, so dass

Herbert und Peter aufpassen mussten, nicht selbst ins Wasser zu fallen. Zum Glück stand an der Anglerhütte direkt neben den beiden ein „Kescher“. Das ist ein Netz aus Nylon an einem Stab, den man verwenden kann, um den Fisch am Angelhaken besser aus dem Wasser zu ziehen. Mit diesem Kescher konnten sie die Forelle sicher zum Uferrand bringen.

Oh je, die Forelle zappelte wild und außerdem war sie unvorstellbar glitschig. Es war schwierig, sie vom Angelhaken zu befreien, um dann in den Eimer mit Wasser gleiten zu lassen.

Nach diesem geglückten Fang waren die beiden Jungs noch eifriger bei der Sache und zogen tatsächlich ganze fünf Forellen aus dem Wasser. Was für ein Erfolg – die Eltern würden sich sicherlich über so einen besonderen Leckerbissen freuen. Dann kam allerdings das Schwierigste, denn zappelnde Forellen können nur schwer transportiert werden. Deshalb musste jetzt das Holzstück zum Einsatz kommen, um die Fische zu töten. Das wollte keiner der kleinen Angler tun. Sie knobelten deshalb mit Streichhölzern darum, wer den ersten Fisch „bearbeiten“ sollte. Das Los fiel auf Herbert. Er musste seinen ganzen Mut zusammennehmen, um auf den zappelnden Fisch zu schlagen – aber es half nichts, denn er wollte die Forelle auf keinen Fall leiden lassen.

Mit geschlossenen Augen schlug er sich zuerst kräftig auf die Finger, bevor er die Forelle traf.

Die leblosen Forellen lagen jetzt nebeneinander im Gras. Regenbogenforellen haben tatsächlich die Farbe des Regenbogens. Lange konnten die Jungs ihren Angelerfolg nicht genießen, denn plötzlich hörten sie das Auto des Besitzers der Forellenzucht und das bedeutete, so schnell wie möglich alles zusammenzupacken, um rechtzeitig mit der Beute durch das Loch im Zaun zu schlüpfen.

Eigentlich waren Peter und Herbert ganz stolz auf ihre geangelten Fische, doch je näher sie nach Hause kamen, desto mehr plagte die beiden das schlechte Gewissen. Was würden die Eltern dazu sagen? Würde es wohl Ärger geben? Also nahmen sie kurz vor der Haustür ihren ganzen Mut zusammen, öffneten fröhlich pfeifend das Gartentor und klingelten.

Mutter öffnete die Tür und ihr Blick wanderte sofort zu dem Eimer mit den fünf Forellen. Das Donnerwetter, welches dann folgte, war ziemlich heftig. Oh je, das war doch erst bei Peter zu Hause. Anschließend mussten die beiden gemeinsam zu Herberts Eltern. Da blühte ihnen natürlich die gleiche Standpauke noch einmal.

Eigentlich wollten sie nur etwas Gutes tun – naja, das Abenteuer reizte schon ungemein, aber die Konsequenzen waren doch ziemlich massiv.

Am anderen Mittag gab es die Forellen zum Mittagessen – von wegen Hochgenuss. Die beiden Jungs hatten an diesem Tag gar keinen Appetit, doch die Teller mussten leer gegessen werden. Außerdem bekamen sie Hausarrest für eine ganze Woche. Aber das Schlimmste kam ja noch. Peter und Herbert mussten zu dem Besitzer der Forellenzucht gehen, um sich bei ihm zu entschuldigen, und für die Kosten aufkommen. Da die beiden nicht so viel Geld in ihrem Sparschwein hatten, mussten sie für einige Wochen immer an den Wochenenden in der Forellenzucht mithelfen.

Die Arbeit war nicht schwer und machte ihnen sogar Freude, doch leider hat sich dieser „Streich“ herumgesprochen und das war das Schlimmste an der ganzen Aktion. Jetzt spotteten auch noch die Klassenkameraden über dieses Missgeschick.

Heute sind Peter und Herbert erwachsene Männer und in froher Runde wird noch oft über diesen „Jugendstreich“ gelacht.

Samstag war Badetag

EINFÜHRENDE FRAGEN

- Wer durfte bei Ihnen früher als erster in die Wanne?
- Wo wurde bei Ihnen früher gebadet?
- An welche Badezusätze erinnern Sie sich?

Jeden Samstagabend, pünktlich um 18.00 Uhr, ging es bei uns in die Badewanne. Als ich ein ganz kleiner Junge war, hatten wir noch kein Badezimmer und mussten im Keller in der Waschküche baden. So genau kann ich mich nicht mehr erinnern – ich weiß nur noch, dass es dort ziemlich kalt gewesen ist.

Meine Erinnerungen gehen in die 60er – Jahre zurück, als wir in unserer Wohnung ein eigenes Badezimmer hatten. Die Wandfliesen waren in einem zarten Blau und die Badewanne, das Waschbecken und die Toilette in Weiß gehalten. Eine separate Dusche gab es nicht. Wenn man duschen wollte, stellte man sich einfach in die Badewanne und duschte sich mit der „Handbrause“ ab. Ein Duschvorhang war nicht vorhanden und deshalb war danach der Badezimmerboden auch immer ziemlich nass gespritzt. Mutter schimpfte dann mit uns Kindern und deshalb benutzten wir diese Brause nur selten.

Der Badetag lief bei uns immer gleich ab. Zuerst durfte Vater in die Badewanne und der Zusatz von Fichtennadel Schaumbad verbreitete sich rasch im ganzen Haus. Wie ich diesen Geruch geliebt habe. Eine große, grüne ein Liter Plastikflasche mit einem abgebildeten Tannenbaum stand bei uns auf dem Fenstersims im Badezimmer. Exakt eine Verschlussfüllung von dem grünen Badezusatz kippte Mutter in die Badewanne und wenn das Wasser in die Badewanne einlief, entstand daraus lockerer, weißer Schaum. Dann stieg Vater in die Wanne und Mutter brachte ihm bald darauf frischgewaschene Unterwäsche und ein Badetuch. Vater war nie sehr lange in der Badewanne, denn pünktlich zu den Nachrichten um 19.00 Uhr im Fernseher, musste Vater fertig sein.

Gut, dass Vater das Badetuch zum Abtrocknen immer zuerst benutzt hatte, denn frisch gewaschen und luftgetrocknet war es meist sehr hart und kratzig. Mit jedem Abtrocknen wurde es dann wieder etwas weicher.

Danach kamen wir Jungen immer zu zweit an die Reihe. Da gab es ziemlich oft ein großes Gerangel, wer als erster in die Badewanne steigen durfte. Wenn wir uns zu sehr gestritten haben, sprach Mutter ein „Machtwort“ und bestimmte somit die Reihenfolge. Leider war der Schaum dann schon ziemlich in sich zusammengesunken, sodass wir meist nur im dunkelgrünen Badewasser saßen. Immer wieder gelang es uns allerdings, noch etwas von dem Badezusatz dazuzugeben, um diese Mischung dann mit der Handbrause noch einmal kräftig aufschäumen zu lassen. Das war ein ganz besonderes Vergnügen, denn mit dem Schaum konnten wir uns im Gesicht einen „Bart wachsen lassen“, „Teufelshörnchen“ auf den Kopf setzen oder, aber nur wenn Mutter nicht in der Nähe war, „weibliche Brüste“ an unsere nackten Oberkörper modellieren. Dies artete dann meist in ein lautes Gelächter aus, sodass die Mutter mit einem gespielt strengen Gesicht erschien und kontrollierte, ob der Hals, das Gesicht und besonders die Hände und die Fingernägel sauber gewaschen waren.

Da konnte man nur sehr schlecht schummeln, denn die Kernseife, die am Badewannenrand zusammen mit der Handbürste lag, zeigte Mutter im trockenen Zustand, dass diese Utensilien noch nicht mit Wasser in Berührung kamen. Also hatten wir uns auch nicht gewaschen. Außerdem war es auch an der Menge des Badeschaumes zu erkennen, denn die Kernseife zerstörte, wenn sie mit Wasser in Berührung kam, immer sofort den Schaum.

Meine beiden größeren Brüder wurden nie geschimpft, denn bei denen gab es nie einen Badeschaum. Meist schaute Mutter kurz ins Badezimmer und als Kurt und Heinz dann im Wasser völlig ohne Schaum frech aus dem Wasser herausschauten, war das für Mutter ein Zeichen, dass die Beiden sich doch gründlich gewaschen hatten. Doch weit gefehlt, denn die beiden Lausbuben tunkten immer sofort die Kernseife ins Wasser, zerstörten damit den Schaum und täuschten Mutter „Frische und Sauberkeit“ vor. Doch Mutter kam sehr schnell hinter diesen Trick und durschaute die beiden. Sie blieb solange neben der Badewanne stehen, bis beide sauber gewaschen waren. Tja, wie heißt ein bekanntes Sprichwort: „Der Krug geht so lange zum Brunnen bis er bricht“. Wir beiden Kleineren freuten uns darüber, dass diese Schummelei nun ein Ende hatte.

Wir genossen das gemeinsame Bad immer sehr und auch das allmählich immer trüber werdende Wasser machte uns nichts aus. Immer wieder haben wir warmes Wasser nachlaufen lassen und meist blieben wir, nachdem wir ohnehin als Letzte in die Wanne durften, so lange, bis unsere Finger und Füße ganz aufgeweicht waren.

Das Badetuch war jetzt zwar deutlich weicher als zu Beginn, doch es war auch ziemlich nass.

Nach unserer Badeaktion gab es dann Abendessen und an diesem Samstagabend hat immer unser Vater die Gutenachtgeschichte vorgelesen, denn das war die Zeit, in der unsere Mutter ein ausgiebiges Bad nehmen konnte.

Sie ließ sich ein frisches, sauberes Badewasser ein und anstelle von Fichtennadel Schaumbad badete sie im Cremebad von Fenjala. Diesen Badezusatz bekam unsere Mutter immer Weihnachten von Vater geschenkt und darüber freute Mutter sich sehr.

Wenn unsere Mutter in der Badewanne lag, war die Badezimmertür selbstverständlich verschlossen, denn sie nackt zu sehen, war für uns unvorstellbar.

Auch heute denken wir noch gerne an die lustigen Badetage unserer Kindheit zurück.

Meine Brieftauben

EINFÜHRENDE FRAGEN

- **Welche Namen hatten Ihre Brieftauben?**
- **Wo war Ihr Taubenschlag?**
- **Bei welchen Wettbewerben haben Sie mitgemacht?**

In den 60er-Jahren war es schon ein ganz besonderes Hobby, wenn man zu den Brieftaubenzüchtern gehörte. Für Willi war der Platz bei seinen Brieftauben der schönste Platz der Welt – hier konnte er ganze Tage verbringen.
Die Brieftaubenzucht lag schon seit Generationen in seiner Familie. Sein Großvater und sein Vater waren bekannte Taubenzüchter und viele diese Medaillen, Pokale und Urkunden konnte man bei Willi im ganzen Haus verteilt bestaunen. Auch Willi bekam schon zahlreiche Auszeichnungen, denn seine Brieftauben flogen am weitesten.

Bei seinem letzten Wettbewerb wurden die Tauben 360 Kilometer entfernt ausgesetzt und flogen dann auf dem direkten Weg zu ihrem Taubenschlag wieder zurück. Das war sehr aufregend und spannend.

Willi war mächtig stolz auf seine Tauben und auf diesen Erfolg. Er freute sich immer auf die Sommermonate von Mai bis August, denn nur wenn die Sonne scheint, können sich die Tauben orientieren und auf dem direkten Weg zum Taubenhaus zurückfliegen.

Willi hatte im Garten ein großes, geräumiges Taubenhaus oder man sagt auch einen „Taubenschlag“ aufgebaut. Jeden Tag befreite er es vom Schmutz und es war ihm außerdem wichtig, dass jede Taube ihre täglichen „Streicheleinheiten“

von ihm bekam. Willi konnte aus diesem Grund nicht in den Urlaub fahren, denn niemand konnte seine Tauben so gut versorgen wie er. Seine Frau und seine vier Kinder fuhren deshalb jedes Jahr gemeinsam mit den Großeltern in die Berge zum Wandern.

Seine Tauben bekamen ein ganz besonderes Futter: Mais, Weizen, Gerste, Reis und Bohnen in getrockneter Form. Dazu natürlich ausreichend frisches Leitungswasser zum Trinken. Die Trinkgefäße säuberte Willi zweimal täglich, denn ab und zu nahmen die Tauben darin auch ein Bad. Dabei bewegten sie ihre Flügel schnell und spritzten das Taubenhaus ziemlich nass. Das schien den Tauben aber sehr viel Spaß zu machen.

Vor dem letzten großen Wettbewerb setzte Willi jeden Morgen dem Futter getrocknete Himbeeren und Rosinen hinzu – das waren für seine Tauben besondere Leckerbissen.

Als der große Tag dann gekommen war, wurden die Tauben mit dem Auto zum vereinbarten Treffpunkt gefahren. Willis Freunde Kurt und Anton, denen die Tauben auch sehr vertraut waren, übernahmen die Fahrt zum Startpunkt. Was für eine Aufregung!

Pünktlich zur vorgegebenen Zeit wurden die Transportboxen geöffnet und die Tauben konnten ihren Heimflug starten. Eine Brieftaube fliegt durchschnittlich 60 km in der Stunde, doch Willis Tauben waren schneller. Sie benötigten nicht sechs Stunden, sondern nur fünf und das war eine sensationell kurze Zeit

Die Wartezeit während des Wettbewerbs war für Willi und seine Familie immer eine ziemlich aufregende Zeit. Schon lange, bevor die erste Taube wieder am Heimathimmel zu sehen war, saß Willi auf der Leiter, um die Tauben sofort anzulocken, wenn diese im Anflug waren. Auch seine Kinder schauten angespannt aus allen Fenstern und Dachfenster, um als erste oder als erster die Tauben zu entdecken. Je schneller die Tauben wieder im Schlag waren, desto besser war die Platzierung.

Alles lief prima, doch dieses Mal kamen zwei der acht Tauben einfach nicht in den Taubenschlag zurückgeflogen. Sie saßen auf dem Kirschbaum des Nachbarn und gurrten fröhlich vor sich hin. Die ganze Familie war jetzt im Einsatz, um die beiden Tauben mit Rufen, „Gurrlauten“, Futter und Wasser anzulocken – doch alles ohne Erfolg. Willi war beinahe am Verzweifeln.

Da stieg sein kleiner Sohn mit einer langen Leiter auf den Kirschbaum und lockte die Tauben mit Rosinen und den getrockneten Beeren an. Sie pickten dem kleinen Franz munter diese Leckereien aus der Hand. Willis Frau war von dieser Aktion nicht besonders begeistert, denn sie hatte Sorge, dass der kleine Franz vom Kirschbau fallen könnte.

Doch Ende gut, alles gut! Mit dieser kleinen Unterstützung konnten die Tauben zu ihrem Schlag zurückgelockt werden und Willi wurde trotz dieser kleinen Zeitverzögerung sogar der Sieger des Wettbewerbs. Was für eine große Freude!

Über diesen spannenden Wettbewerb wurde noch lange gesprochen und über Willi und seine Tauben wurde sogar auf der Titelseite der Zeitung ein großer Bericht veröffentlicht.

Mein besonderer Dank gilt …

meinem Mann Xaver, der mich wieder einmal mit viel Geduld begleitet und mich während meiner ganzen Zeit des Schreibens sehr entlastet und unterstützt hat.

Seine „männlichen Anregungen und Tipps“ haben mir sehr geholfen, die Männerwelt besser zu verstehen.

Aus diesem Grund möchte ich ihm dieses Buch zu seinem „besonderen Geburtstag“ widmen!

meiner Tochter Verena, die mich bei der Erstellung dieses Buches in allen technischen aber auch inhaltlichen Themen tatkräftig unterstützt hat und mir eine sehr wertvolle Hilfe war. Danke für deinen „spontanen Einsatz“ und deine „guten Nerven“.

meinem Sohn Florian, der mir immer wieder die „Welt der Männergedanken“ erschlossen und mir die praktischen Seiten erläutert hat. Das hat mich bei zahlreichen Textstellen sehr unterstützt.

meiner Lektorin Bettina Schäfer vom Vincentz Network, die sich spontan von meiner Idee, ein Männerbuch zu schreiben, begeistern lassen hat.

Wie üblich hatte sie bei unseren zahlreichen Telefonaten immer ein offenes Ohr und unser Austausch war sehr wertvoll.

Rita Zottl, der Grafikerin, die aus meinen Texten durch ihre kreativen Ideen wieder ein besonderes Buch geschaffen hat.

Autorin

Maria Metzger ist Autorin von Fachbüchern und freiberuflich als Dozentin bei verschiedenen Trägern tätig. Sie unterrichtet an Altenpflegeschulen im Bereich Aktivierung und Stressbewältigung, hält Seminare und Fachvorträge für Mitarbeiter in Seniorenheimen, Betreuungsassistenten, pflegende Angehörige, ehrenamtlich tätige Personen sowie Hospizmitarbeiter.